그림과 함께 읽는 논·술·대·비

가로세로
세계명언

박경준 엮음

책머리에

　우리들은 세상을 살면서 여러 가지 많은 어려움들을 겪게 됩니다. 이러한 어려움이 우리들 주위에 찾아왔을 때 보석처럼 반짝이는 그 한 마디의 짧은 말은 우리들에게 많은 것을 가져다줍니다.

　그 보석처럼 빛나는 말들은 비록 짧지만 우리들의 정신을 일깨워 주고 어려운 순간을 이길 수 있는 힘을 길러 주며 판단력을 갖도록 도와 줍니다.

　세계 여러 분야에서 훌륭한 업적을 남긴 유명한 사람들이 남긴 명언들은 우리가 세상을 살면서 방향을 잃고 헤매일 때 나침반이 되어 주고 미래를 내다볼 수 있는 망원경의 역할을 합니다.

　명언은 우연히 생긴 말이 아닙니다. 세계 여러 분야에서 빼어난 업적을 남긴 유명한 사람들의 피와 땀으로 이루어진 체험을 통해서 얻어진 보석 같은 말들입니다.

비록 오래전에 만들어진 명언들이지만 그들이 남긴 명언들은 우리들의 현실에 맞고 영원히 우리들의 가슴 속에서 반짝일 것입니다.

　　명언은 그 뜻을 잘 이해해야 합니다. 뜻만 알고 행동을 하지 않으면 아무 쓸모없는 것이 되고 맙니다.

　　어린이 여러분, 항상 곁에 두고 시간이 있을 때마다 그리고 꾸준히 읽어서 자기 것으로 만들어야 합니다.

　　이 책에 실린 명언들은 동·서양의 유명한 사람들이 남긴 명언들을 여덟 부문으로 나누어 뽑았으며 누구나 알기 쉽고 재미있게 꾸몄습니다.

　　어린이 여러분, 이 책은 여러분이 세상을 살아가는데 길라잡이가 될 것입니다.

차 례

책머리에 · · · · · · · · · · · 2

1 바른 마음가짐

너그러운 마음은 사나운 혀를 고친다 (호머) · · · · · · · 14
증오는 품는 사람에게 되돌아온다 (베토벤) · · · · · · · 15
남의 결점은 자신의 눈앞에 있고 자신의 결점은 등뒤에 있다. (세네카) · · 16
자신의 길을 묵묵히 걸어가라 (단테) · · · · · · · 17
자신의 적은 곧 자신이다 (롱펠로) · · · · · · · 18
항상 남의 장점을 말하라 (링컨) · · · · · · · 19
부자의 행복은 자선할 수 있다는 것에 있다 (라 브뤼에르) · · · · · 20
사람과 사람 사이에는 사랑이 최고다 (아우어바흐) · · · · · 21
모욕은 잊어버리고 친절은 잊지 마라 (공자) · · · · · · 22
말은 마음의 거울이다 (레이) · · · · · · · 23
마음이 곧 천국을 만들고, 지옥을 만든다.(밀턴) · · · · · · 24
사람의 진정한 재산은 착한 행동이다 (마호메트) · · · · · 25
꿀벌은 꽁무니에 침을 가지고 있다 (릴리) · · · · · · 26
사람을 섬기기를 하늘과 같이 하라 (최시형) · · · · · · 27
마음 속에 든 도둑은 물리치기 어렵다 (왕양명) · · · · · 28

2 생활의 발견

시간은 현명한 상담자다 (페리클레스) ·········30
유머는 최고의 걸작품이다 (칼라일) ··········31
인생에서 중요한 일은 자기를 발견하는 것이다 (난센) ···32
남에게 믿음을 받지 못하는 것은 곧 내 마음이 참되지 못한 까닭이다 (이수광) ··33
잘못을 변명하면 그 잘못은 더 커진다 (윌리엄 셰익스피어) ····34
화가 나면 열까지 세라 (토머스 제퍼슨) ········35
올바른 진리를 배웠어도 그것을 실천하지 않으면 몹시 부끄러운 일이다 (강수) ··36
사람은 먹기 위하여 사는 것이 아니라 살기 위하여 먹는 것이다 (소크라테스) ··37
건강을 잃으면 행복할 수 없다 (쇼펜하우어) ·······38
로마는 하루 아침에 이루어지지 않았다 (세르반테스) ·····39
세월은 사람을 기다리지 않는다 (도연명) ········40
다른 사람의 성품을 내 성품같이 만들려는 것은 어리석은 짓이다 (안창호) ··41
실수하지 않는 사람은 아무 것도 하지 않는 사람이다 (롤랑) ····42
일요일밖에 없는 인생 (장 파울) ···········43
말은 진실되고 미더워야 하고 행동은 성실하고 삼가야 한다 (신개) ··44
자신의 강한 적은 자신이다 (아베베) ·········45
자신을 신뢰할 수 있는 사람은 남을 신뢰할 수 있다 (프롬) ····46

노동은 신체를 굳세게 만들고 고난은 정신을 굳세게 만든다 (세네카) · · 47
어린 시절에 자신의 꿈을 찾아라 (헤딘) · · · · · · · · · · · · · 48

❸ 부지런함과 게으름

거짓말은 눈덩이처럼 자꾸 커진다 (루터) · · · · · · · · · 50
습관은 제2의 천성이다 (웰링턴) · · · · · · · · · · · · 51
게으른 사람은 죽은 사람과 같다 (홀런드) · · · · · · · · · 52
건전한 신체에 건전한 정신이 깃든다 (유베날리스) · · · · · · · · 53
잠은 시간의 값비싼 지출이다 (카네기) · · · · · · · · · · · 54
나는 생각한다 그러므로 존재한다 (데카르트) · · · · · · · · · 55
욕심은 수많은 고통을 부른다 (팔만대장경) · · · · · · · · · · 56
배부른 돼지보다는 배고픈 소크라테스가 낫다 (밀) · · · · · · · 57
하늘은 악한 사람에게는 벌을 부지런하고 검소한 사람에게는 복을 내린다 (정약용) · · 58
어리석은 자식은 부모의 걱정거리다 (솔로몬) · · · · · · · · · 59
평범한 것을 잘 지키는 사람이야말로 위대한 사람이다 (프랑스) · · · 60
우리는 무엇인가로 하루를 채워 가야 한다 (러스킨) · · · · · · · 61
게으름은 마치 녹과 같다 (리처드슨) · · · · · · · · · · · 62
웅변은 은, 침묵은 금 (칼라일) · · · · · · · · · · · · · 63
자기가 원하지 않는 일을 남에게 권하지 말라 (공자) · · · · · · 64

4 가정과 친구

부모의 은혜는 다 갚지 못한다 (석가모니) · · · · · · · · · · 66
모든 사람들에게 친구인 사람은 누구에게도 친구가 아니다 (이엄) · · 67
친구간의 오해는 풀어야지 끊지 말라 (카토) · · · · · · · · · 68
사랑은 가정에서부터 생기고 정의는 이웃에서부터 생긴다 (디킨스) · · 69
우리가 사랑하는 곳은 집이다 (홈스) · · · · · · · · · · · · 70
부모 앞에서는 늙었다는 말을 해서는 안 된다 (소학) · · · · · · 71
부모를 공경하는 효도는 쉬우나 부모는 사랑하는 효도는 어렵다 (장자) · · 72
나보다는 친구를 생각하는 우정, 이러한 우정은 어떠한 어려움도 이긴다 (무어) · · 73
친구는 제2의 자신이다 (아리스토텔레스) · · · · · · · · · · 74
형제가 집 안에서는 서로 싸워도 밖에서는 모욕을 막아 준다 (시경) · · 75
친구가 많은 사람은 마침내 그 자신을 망친다 (솔로몬) · · · · · · 76

5 세상을 보는 지혜

실패는 고통스러우나 다하지 못했음을 깨닫는 것은 더 고통스럽다 (앤드류매튜스) · · 78
뜻이 있는 곳에 길이 있다 (쇼) · · · · · · · · · · · · · · 79
내일은 또 내일의 태양이 떠오른다 (미첼) · · · · · · · · · · 80
진실을 사랑하고 잘못은 용서하라 (볼테르) · · · · · · · · · 81
호랑이는 죽어서 가죽을 남기고 사람은 죽어서 이름을 남긴다 (구양수) · · 82

악법도 법이다 (소크라테스) · · · · · · · · · · · · · 83
어떤 값으로도 인생은 살 수 없다 (세네카) · · · · · · · ·84
좋은 습관은 법보다 훌륭하다 (에우리피데스) · · · · · · ·85
인간의 재산은 오직 그의 노력에 달렸다 (헤릭) · · · · · · ·86
행운은 부지런한 사람을 찾아간다 (클레망소) · · · · · · ·87
인생은 자신이 노력한 만큼 가치가 있다 (모리아크) · · · ·88
나의 덕이란 오직 진리와 비폭력이다 (간디) · · · · · · · ·89
적을 알고 나를 알면 백 번을 싸워도 승리한다 (손자) · · · ·90
어떤 일에 성공하려면 다른 일은 생각하지 말라 (헤라클레이토스) · · ·91
어진 사람은 가난해도 즐거워하고, 어리석은 사람은 부자라도 걱정한다 (최치원) · ·92
오늘 할 일을 내일로 미루지 말라 (윌리엄 포크너) · · · · · ·93
고기가 탐나거든 그물을 짜라 (힐티) · · · · · · · · · · ·94
어떤 일을 체험하지 않으면 지혜가 자라지 않는다 (명심보감) · · ·95
지혜 없는 힘은 그 무게 때문에 쓰러진다 (호라티우스) · · · · ·96
올림픽에서 중요한 것은 이기는 것이 아니라 참가하는 데 있다 (쿠베르탱) · ·97
가볍게 승낙하면 믿음을 잃는다 (노자) · · · · · · · · · ·98

6 성공과 희망

정상에 오른 순간부터 조금씩 내리막길을 걷기 시작한다 (그라시안) · ·100
단 것만을 계속 먹을 수는 없다. 때로는 쓴 것도 먹어야 한다 (오비디우스) · ·101

일은 스스로 찾아서 해야 한다 (이명박) ······················ 102

우리의 최후의 목적은 단 한 가지, 승리다 (처칠) ············· 103

산은 올라가는 자만이 정복할 수 있다 (알랭) ················· 104

눈물 젖은 빵을 먹어 보지 않은 사람은 인생의 참뜻을 알지 못한다 (괴테) ·· 105

인생에 고난이 없으면 성공도 없다 (소포클레스) ·············· 106

왔노라, 보았노라, 이겼노라 (시저) ··························· 107

끝을 맺기를 잘하면 실패가 없다 (노자) ······················ 108

인생은 돌이다. 그 곳에 어떤 것을 새기든 그것은 각자의 자유다 (스펜서) ·· 109

일하지 않는 자는 모두 쓸모없는 사람이다 (톨스토이) ········· 110

산다는 것은 행동하는 것이다 (루소) ························· 111

청년들에게 당부하고 싶은 말은 일하라, 좀 더 일하라,
그리고 끝까지 일하라 (비스마르크) ························· 112

인간이 가지고 있는 것 중에서 성실은 가장 고상한 것이다 (초서) ·· 113

실패한 일로 자꾸 괴로워하면 다음 일도 실패한다 (러셀) ······ 114

이 세상의 직업에는 귀천이 없다 (헤시오도스) ················ 115

모든 일에는 준비, 실행, 완성이 있습니다 (베이컨) ············ 116

시련은 있어도 실패는 없다 (정주영) ························· 117

어렵게 계획을 세우되, 일단 계획을 세웠거든 꿋꿋이 나가야 한다 (레오나르도다 빈치) ·· 118

인내는 쓰나 그 열매는 달다 (오스틴) ······················· 119

서 있는 농부가 앉아 있는 신사보다도 훌륭하다 (프랭클린) ···· 120

사람은 쓸 때 의심스러운 점이 있으면 쓰지 말고 일단 쓴 사람은
의심하지 말라 (김구) ・・・・・・・・・・・・・・・121
가장 바쁜 사람이 많은 시간을 갖는다 (골드스미스) ・・・・・122
작은 일도 목표를 세워라 (슐러) ・・・・・・・・・・・123
꿈을 가지면 어려운 현실을 이길 수 있다 (릴케) ・・・・・・124
어떤 사람은 패배의 슬픔을 딛고 일어서고, 어떤 사람은 패배의
슬픔 밑에 깔린다 (에머슨) ・・・・・・・・・・・・・125
화와 복은 오직 자신이 불러들인다 (백고) ・・・・・・・・126
자유가 아니면 죽음을 달라 (헨리) ・・・・・・・・・・・127
인간은 노력하고 있는 동안 방황한다 (괴테) ・・・・・・・128
어려움은 희망에 의해서 극복된다 (매난드로스) ・・・・・・129
남에게 사랑받기보다는 사랑하는 사람이 되어라 (스탕달) ・・・130
희망은 가난한 인간의 빵이다 (탈레스) ・・・・・・・・・131
사람은 먹기 위하여 사는 것이 아니라 살기 위하여 먹는다 (소크라테스) ・・132
고통 뒤에 찾아오는 즐거움은 달콤하다 (드라이든) ・・・・・133
겨울이 가면 봄은 찾아온다 (셸리) ・・・・・・・・・・134
희망은 추구하는 자를 결코 버리지 않는다 (플레처) ・・・・・135
절망이 없다면 희망도 없다 (카뮈) ・・・・・・・・・・・136
참고 이겨 나가는 것이 인생이다 (베를렌) ・・・・・・・・137
청년에게는 미래가 있어서 행복하다 (고골리) ・・・・・・・138

고통이 따르지 않는 즐거움은 없다 (헬렌켈러) ········· 139
하늘은 스스로 돕는 자를 돕는다 (새뮤엘스마일스) ········ 140

7 과학과 도전 정신

위대한 일은 청년기에 이루어진다 (디즈레일리) ········· 142
진정한 용기란 아무도 안 보는 곳에서 하는 것이다 (로슈프코) ··· 143
주사위는 던져졌다 (카이사르) ····················· 144
생각해 내기는 어렵고 모방은 쉽다 (콜럼버스) ········· 145
실패를 후회하는 것보다 해 보지도 않고 후회하는 것이 더 바보스럽다 (탈무드) ·· 146
한 인간에게는 작은 한 걸음이지만 인류에게는 위대한 전진이다 (암스트롱) ·· 147
기회는 새와 같다 (실러) ························· 148
그래도 지구는 돌고 있다 (갈릴레이) ················ 149
자신의 운명은 스스로 만드는 것이다 (네포스) ········· 150
과학자는 비판 정신을 존중해야 한다 (파스퇴르) ······· 151
나의 사전에 불가능이란 없다 (나폴레옹) ············ 152
위대한 꿈은 위대한 사람을 만든다 (풀러) ··········· 153
시련이란 진실로 통하는 길이다 (바이런) ············ 154

8 학문과 예술

예술은 길고 인생은 짧다 (히포크라테스) · · · · · · · · · 156
어려운 일을 쉽게 만드는 사람이 교육자이다 (아미엘) · · · · · 157
세상의 모든 것은 알면 알수록 모르는 것이 많다 (괴테) · · · · 158
소년은 늙기 쉽고 학문은 이루기 어렵다 (주자) · · · · · · · 159
펜은 칼보다 강하다 (리턴) · · · · · · · · · · · · · · · 160
학문에는 왕도가 없다 (유클리드) · · · · · · · · · · · · 161
천재는 오직 인내다 (뷔퐁) · · · · · · · · · · · · · · 162
아는 것이 힘이다 (베이컨) · · · · · · · · · · · · · · 163
책을 백 번 읽으면 뜻은 저절로 알게 된다 (진수) · · · · · · 164
공부와 실천은 수레의 두 바퀴와 같다 (원효) · · · · · · · 165
질문이 많은 자는 크게 발전한다 (주희) · · · · · · · · · 166
책은 인생의 나침반이요, 망원경이다 (베넷) · · · · · · · · 167
소년들이여, 야망을 품어라 (클라크) · · · · · · · · · · 168
천재란 1퍼센트의 영감과 99퍼센트의 노력으로 이루어진다 (에디슨) · · 169
이 세상의 아름다움은 모든 곳에 있다 (로댕) · · · · · · · 170
사물의 아름다움은 그것을 바라보는 마음 속에 있다 (흄) · · · · 171
인생의 목적은 지식이 아니라 곧 행동이다 (헉슬리) · · · · · 172

1 바른 마음가짐

너그러운 마음은 사나운 혀를 고친다

호머(?~?)
고대 그리스의 시인으로 〈일리아드〉·〈오딧세이아〉 등의 작품을 남겼습니다.

사람은 화가 나면 이성을 잃어버리고 온갖 실수를 저지르게 됩니다. 상대방이 화가 나서 자신에게 함부로 대하더라도 꾹 참고 가만히 있으면 상대는 한동안 떠들어 대다가 저절로 수그러들어 싸움은 벌어지지 않습니다.

증오는 품은
사람에게 되돌아온다

베토벤(1770~1827)

독일의 작곡가로, 모차르트와 더불어 고전파를 대표하는 음악가입니다. 〈운명〉, 〈전원〉, 〈영웅〉 등의 교향곡을 비롯하여 〈월광〉, 〈비창〉 등의 피아노 소나타 등의 유명한 작품들을 남겼습니다.

남을 미워하게 되면 자신이 가장 큰 손해를 보게 됩니다. 그 이유는 남을 미워하는 마음이 있으면 자신의 몸과 마음에 좋지 않은 영향을 주기 때문입니다. 용서는 자신을 위하는 일입니다.

남의 결점은 자신의 눈앞에 있고 자신의 결점은 등뒤에 있다

세네카(B.C. ?~A.D. 65)

고대 로마의 철학자로 네로 황제의 교사를 역임했고, 그로부터 자살하라는 명령을 받고 죽었습니다.

우리들은 세상을 살아가면서 많은 사람들을 만나게 됩니다. 그러한 가운데 친구나 주위 사람들의 잘못은 발견하기 쉽습니다. 그 이유는 그들의 행동이 자신의 행동보다 잘 보이기 때문입니다. 그에 비해 자신이 저지른 잘못에는 매우 관대합니다.

자신의 길을 묵묵히 걸어가라

단테(1265~1321)

이탈리아의 시인입니다. 명작 『신곡』을 남겨 르네상스 문학의 선구자가 되었습니다.

어떤 일을 하는 데 있어 다른 사람의 충고를 받아들이는 것도 중요합니다. 비록 자신은 옳은 길을 가고 있다고 생각하지만 혹시 잘못된 길로 가고 있으면 바로잡을 수 있는 계기가 될 수 있습니다.

자신의 적은 곧 자신이다

롱펠로(1807~1882)

미국의 시인으로 하버드대학 교수를 지냈으며, 많은 작품을 남겼습니다. 시집〈밤의 소리〉등이 있습니다.

나 자신을 잘 아는 것이 곧 성공으로 가는 지름길입니다. 자신을 무너뜨리는 적은 먼 데 있는 것이 아니라 곧 사신 속에 있습니다. 그 무엇보다 자신을 알고 잘 다스리는 것이 세상을 살아가는 지혜 중에서 최고입니다.

항상 남의 장점을 말하라

링컨(1809~1865)

미국의 제16대 대통령입니다. 1806년에 대통령에 당선되었으며, 노예 제도를 폐지하여 '흑인의 아버지'로 불립니다.

남을 업신여기고 헐뜯는 것은 곧 자신을 깎아 내리는 것과 같습니다. 비록 상대로부터 헐뜯는 말을 들었어도 여러분이 상대방을 좋게 말해 준다면 상대방도 그런 여러분을 좋게 말할 것이며 한층 믿음을 줄 것입니다.

부자의 행복은 자선할 수 있다는 것에 있다

라 브뤼에르(1645~1696)

프랑스의 도덕가입니다. 그리스 테오프라스토스의 〈성격론〉을 번역하였고, 『사람은 가지가지』라는 책으로 당시의 궁정 생활을 날카롭게 파헤치기도 했습니다.

세상에서 돈보다 중요한 것이 마음입니다. 마음이 따뜻한 부자라면, 그 사람은 다른 사람들에게 줄 것이 많은 부자입니다. 남을 도우면 나 자신이 행복해진답니다. 이 세상의 행복은 물질에 있는 것이 아니라 따뜻한 마음 속에 들어 있습니다.

사람과 사람 사이에는 사랑이 최고다

아우에바흐(1812~1882)
독일의 작가로 신학·철학을 공부하여 많은 지식을 쌓았으며 그가 남긴 작품으로 『맨발의 처녀』·『교수 사모님』 등이 있습니다.

사람은 사랑이 없이는 한시도 살 수 없습니다. 부모님의 사랑, 친구간의 사랑, 이성간의 사랑 등 사랑은 우리가 삶을 사는 데 있어 반드시 필요합니다. 모든 종교에서도 사랑을 강조하는 것만 보더라도 사랑의 중요함을 깨달을 수 있습니다.

모욕은 잊어버리고
천절은 잊지 마라

공자(B.C. 552~B.C. 479)

중국 춘추전국 시대의 학자이자 사상가로 유교의 사상을 집대성했습니다. 대표적인 저서로 『논어』가 있습니다.

우리는 좋은 일은 잊기 쉽지만 나쁜 일은 잘 잊어버리지 않습니다. 하지만 나쁜 일을 자꾸 생각하게 되면 오히려 기분만 상할 뿐입니다. 나를 마음 아프게 한 사람, 그리고 모욕이었던 일 등은 잊어버리는 것이 좋습니다.

말은 마음의 거울이다

레이(1505~1569)

폴란드의 소설가입니다. 작품으로는 『귀족, 대관』· 『사제 3인의 짧은 논쟁』· 『초상』· 『거울』 등이 있습니다.

 말은 그 사람의 인격을 드러내는 거울입니다. 말의 내용과 말투, 그리고 말하는 태도 속에서 그 사람을 읽을 수 있기 때문입니다. 바르고 곧은 마음 속에서 좋은 말이 나오고, 비뚤어지고 뒤틀린 마음 속에서 나쁜 말이 나옵니다.

마음이 곧 천국을 만들고, 지옥을 만든다

밀턴(1608~1674)

영국의 시인이자 사상가입니다. 셰익스피어와 더불어 영국을 대표하는 2대 시인으로 손꼽힙니다. 저서로는 『실락원』・『복락원』・『투사 삼손』 등이 있습니다.

사람은 마음을 어떻게 갖느냐에 따라 일이 잘 될 수 있고, 잘못 될 수도 있습니다. 나쁜 일을 겪게 되더라도 긍정적으로 생각하면 극복할 수 있지만, 부정적이거나 절망하면 더 나쁜 상황이 될 수 있습니다. 부정적인 생각은 마음과 몸을 병들게 합니다.

사람의 진정한 재산은 착한 행동이다

마호메트(570~632)

이슬람교의 창시자입니다. 40세가 넘어 수양하던 중 신의 계시를 받고 이슬람교를 만들었습니다.

많은 사람들이 부자가 되기 위해 열심히 일하기도 하고, 돈을 모으기도 합니다. 하지만 세상에는 부자가 되기 위해 노력하는 사람이 많습니다. 그러나 돈은 없어질 수 있는 재산이지만 다른 사람에게 베푸는 착한 행동은 모든 이의 마음에 영원히 남습니다.

꿀벌은 꽁무니에 침을 가지고 있다

릴러(1554 ?~1606)

영국의 소설가이자 극작가입니다. 그의 저서 『유퓨즈 지혜의 해부』·『유퓨즈와 영국』은 영국 최초의 소설입니다.

사람은 누구나 좋은 말, 나를 칭찬하는 말을 듣기 좋아합니다. 그러나 때때로 달콤한 말에 넘어가 손해를 보는 경우도 있습니다. 즉 앞에서는 달콤한 꿀과 같은 말로 나를 기분 좋게 만들어 주지만, 뒤돌아서서 침과 같은 아픔을 줄 수도 있기 때문입니다.

사람을 섬기기를 하늘과 같이 하라

최시형(1827~1898)

조선 말기 동학의 제2대 교주로 호는 해월입니다. 최제우가 처형되자 그의 뒤를 이어 포교활동을 펼쳤습니다.

이 말은 동학의 근본 사상이기도 합니다. "사람을 대할 때는 마치 신을 대하듯 공손하고 몸과 마음 다 하시오"라는 최시형의 말은 모든 인간은 평등하다는 것과 이 세상에서 사람 위에 사람은 하나도 없다는 것을 깨닫게 해 줍니다.

마음 속에 든 도둑은 물리치기 어렵다

왕양명(1472~1528)

중국 명나라 때 유학자로 한평생 제자들을 양성하였으며 그의 제자들이 큰 학파를 이루었습니다. 청렴한 관리로 사람들로부터 존경받았습니다.

우리는 세상을 살면서 여러 가지 유혹을 받습니다. 이를 테면 열심히 일해야 할 때 게으름을 피우는 것, 이러한 것들을 곧 마음 속에 있는 도둑입니다. 마음 속에 있는 도둑은 물리치기가 어렵습니다. 하지만 곧은 마음으로 도둑을 물리쳐야 합니다.

2 생활의 발견

시간은 현명한 상담자다

페리클레스 (B.C.495~B.C.429)

고대 아테네의 정치가이자 군인입니다. 그리스의 여러 건축물들을 기획하고 짓는 데 많은 공을 세웠습니다.

이 말은 첫째, 시간을 소중히 여겨 잘 이용하라는 것, 둘째, 우리가 살고 있는 시대를 잘 알고 자신이 해야 할 일이 무엇인지 알아야 한다는 것, 셋째, 지금 당장 알 수 없는 일들도 시간이 흐르면 그것의 옳고 그름을 알 수 있다는 것입니다.

유머는 최고의 걸작품이다

칼라일(1795~1881)

영국의 소설가·역사가로 『프랑스의 혁명』·『영웅 숭배론』 등의 작품을 남겼습니다.

　우리들이 이 세상을 살아가는데 웃음이 없다면 어떻게 될까요? 사람은 한 번 웃으면 젊어진다는 말이 있습니다. 웃음은 웃을수록 건강과 행운을 불러옵니다. 되도록이면 화를 내지 말고 웃으면서 즐겁게 삽시다.

인생에서 중요한 일은 자기를 발견하는 것이다

난센(1861~1930)

노르웨이의 탐험가입니다. 제1차 세계 대전 후 포로의 본국 송환, 인민 구제 등 인도주의 사업에 힘써 1922년 노벨 평화상을 수상했습니다.

인간이 자기 자신을 아는 것은 매우 중요합니다. 사람은 저마다 장점과 단점이 있습니다. 자신의 장점은 더욱 발전시키고, 단점을 반드시 고쳐야 합니다. 진정한 나를 발견해야 인생을 풍요롭고 아름답게 살 수 있습니다.

남에게 믿음을 받지 못하는 것은 곧 내 마음이 참되지 못한 까닭이다

이수광(1563~1628)

조선 시대 중기의 명신으로 호는 지봉입니다. 선조 때 과거에 급제하여 인조 때 이조 판서를 지냈으며 『지봉유설』을 지었습니다.

주위 사람들로부터 믿음을 얻는 것은 매우 중요한 일입니다. 남에게 믿음을 얻기 위해서는 자신이 먼저 신용이 있는 태도를 남에게 보여 주어야 합니다. 그래야만 남들이 자신을 믿고 따를 수 있습니다.

잘못을 변명하면 그 잘못은 더 커진다

윌리엄 셰익스피어(1564~1616)

영국의 시인이며 극작가입니다. 『햄릿』·『로미오와 쥴리엣』·『베니스의 상인』·『한여름 밤의 꿈』·『오셀로』·『리어 왕』·『맥베스』등 많은 희극과 비극 작품을 남겼습니다.

잘못을 저질렀을 때는 그것을 곧장 인정하고 다시는 저지르지 않는 것이 중요합니다. 변명으로 그 잘못을 덮으려 하면 자신만 더 초라해집니다. 잘못했을 때 그 일을 곧장 인정하고 반성하는 것이 가장 현명한 태도입니다.

화가 나면 열까지 세라

토머스 제퍼슨(1743~1826)
미국의 제3대 대통령으로 미국 〈독립 선언문〉의 기초를 작성했습니다.

사람은 화가 나면 상대방에게 상처를 주는 말을 하기 쉽습니다. 화가 나면 이성을 잃어버리기 때문입니다. 화가 나면 열까지 세고, 그래도 화가 나면 스물, 백까지 계속 세어 보세요. 그러면 차츰 화가 가라앉고, 화를 낸 자신이 부끄럽게 느껴질 것입니다

올바른 진리를 배웠어도 그것을 실천하지 않으면 몹시 부끄러운 일이다

강수(?~692)

신라 태종 무열왕 때의 학자로 교육과 국학 발전에 크게 이바지하였습니다. 그는 특히 외교 문서를 잘 다루었습니다.

많은 교육을 받아 아는 것이 많으면서도 잘못을 저지른다면 그것은 큰 잘못입니다. 많이 배워 무엇이 올바른 것인가를 그 누구보다도 잘 아는 사람이 실천에 옮기지 않는다면 배우지 못한 사람만도 못하다는 뜻이지요.

사람은 먹기 위하여 사는 것이 아니라 살기 위하여 먹는 것이다

소크라테스 (B.C. 469~B.C. 399)
고대 그리스의 철학자입니다. 그의 사상은 서양 철학의 뿌리가 되었습니다.

　사람은 이 세상에 태어나서 동물처럼 오직 먹기 위하여 살아가는 일에만 애쓰는 것이 아니라, 인생을 어떻게 값어치 있게 살 것인가에 대해 고민하고, 내가 누구인지 생각하며 살아간다는 것입니다.

건강을 잃으면 행복할 수 없다

쇼펜하우어(1788~1860)

독일의 철학자로 그의 사상은 후에 니체의 사상, 바그너의 음악, 하르트만, 도이센의 철학을 비롯해 여러 예술 분야에 많은 영향을 끼쳤습니다.

건강의 소중함은 건강을 잃어버리기 전에는 잘 알지 못합니다. 몸이 아프면 이 세상의 모든 것이 싫어집니다. 몸이 아프면 아무리 돈이 많고, 아는 것이 많아도 행복할 수가 없습니다.
건강은 그 무엇과도 바꿀 수 없는 귀중한 것입니다.

로마는 하루 아침에 이루어지지 않았다

세르반테스 (1547~1616)

에스파냐의 소설가이며 극작가입니다. 1605년 장편 『돈 키호테』 1부를 발표하고 이어 2부를 발표하면서 세계적으로 명성을 떨쳤습니다.

 사람은 이미 완성된 것을 볼 때는 그것이 완성되기까지의 과정을 잘 생각하지 않는 경우가 많습니다. 어떠한 것도 쉽게 이루어진 것 것은 하나도 없습니다. 모두 여러 가지 과정을 거쳐 어렵게 이루어진 것입니다.

세월은 사람을 기다리지 않는다

도연명(365~427)

중국 송나라 때 시인으로 40세가 넘어서 고향으로 돌아가 농사를 지으며 살았습니다. 저서로 〈귀거래사〉 등이 있습니다.

세월은 우리들의 뜻과는 상관없이 덧없이 빠르게 지나갑니다. 이 귀중한 세월을 낭비하지 말고 학문에 힘쓰라는 말입니다.

시간을 아껴 자신에게 최대한으로 유용하게 써야 합니다. 지나간 세월은 붙잡을 수도 없고 결코 되돌아오지 않습니다.

다른 사람의 성품을 내 성품같이 만들려는 것은 어리석은 짓이다

안창호 (1878~1938)

세독립운동가로 호는 도산입니다. 1897년 독립협회에 가입하고 1902년 미국으로 건너가 한인공동협회를 만들었으며, 홍사단을 조직하고 독립운동을 펼쳤습니다. 그는 자주 독립을 이룩하려면 국민 운동을 통해서만 가능하다고 믿었습니다.

세상의 많은 사람들은 저마다 이 세상에 태어나면서 각기 다른 성품을 지니게 됩니다. 그렇기 때문에 나에게 맞기는 어렵습니다. 그렇다고 해서 함부로 남을 헐뜯거나 상대가 자신의 성품에 맞춰 주기를 바라서는 안 됩니다.

실수하지 않는 사람은 아무 것도 하지 않는 사람이다

롤랑(1866~1944)

프랑스 출신의 극작가·소설가·평론가입니다. 1915년 『장크리스토프』로 노벨 문학상을 받았습니다.

세상을 살면서 한 번도 실수하지 않는 사람은 없습니다. 실수하는 것이 두려워 어떤 일도 못한다면 그 사람에게는 발전이란 없습니다. 아무 것도 하지 않아 실수하지 않는 것보다 일을 하다가 실수를 하는 것이 자신에게 훨씬 큰 도움이 됩니다.

일요일밖에 없는 인생

장 파울 (1763~1825)
독일의 소설가로 『새벽의 명성』· 『거인』등의 작품을 남겼습니다.

 할 일이 없이 1년 365일 동안 늘 쉬고 놀기만 한다면 노는 일은 즐거움일 수 없답니다. 이렇게 살면 자신을 망치게 됩니다. 열심히 일을 찾아서 하고 일한 뒤에 찾아오는 휴식과 놀이는 기쁨과 편안함을 줍니다.

말은 진실되고 미더워야 하고 행동은 성실하고 삼가야 한다

신개(1374~1446)

조선 세종 때 문관으로 벼슬은 판서를 지냈습니다.

우리들은 세상을 살아가면서 항상 행동과 말을 조심하여야 합니다. 사람들은 저마다 자기 자신을 닦기 위해 수양에 힘씁니다. 자신을 갈고 닦아 남에게 언제나 성실하게 보이면 누구나 자신을 믿고 따를 것입니다.

자신의 강한 적은 자신이다

아베베(1932~1973)

에티오피아의 마라톤 선수입니다. 1960년과 1964년의 올림픽에서 두 차례나 우승했습니다. 교통 사고로 몇 년간 병마에 시달리다가 세상을 떠났습니다.

에티오피아의 아베베는 올림픽 마라톤에 출전해 두 번이나 금메달을 땄습니다. 그 뒤 뜻밖의 교통 사고로 장애인이 되었지만 장애인 올림픽에 출전하여 상을 받기도 했습니다. 그는 건강할 때나 몸이 아플 때나 자기 자신과의 싸움에서 지지 않았습니다.

자신을 신뢰할 수 있는 사람은 남을 신뢰할 수 있다

프롬(1900~1980)

독일의 정신분석학자입니다. 저서로 『자유로부터의 도피』· 『인간의 자유』· 『건전한 사회』등이 있습니다.

세상을 살면서 자기 자신을 믿지 못하는 사람은 다른 사람에게도 믿음을 줄 수 없습니다. 이렇게 살면 성공하지 못합니다. 먼저 자신을 믿을 수 있는 사람, 그리고 자신과의 약속을 지켜 내는 사람이 되기 위해 노력해야 합니다.

노동은 신체를 굳세게 만들고 고난은 정신을 굳세게 만든다

세네카 (B.C.4~A.D65)

고대 로마의 철학자입니다. 작품으로 『행복한 생활에 대하여』 등이 있습니다.

인간의 신체는 일을 함으로써 더 튼튼하게 단련이 됩니다. 신체뿐 아니라 정신도 마찬가지입니다. 사람은 온갖 고난과 고통을 통해서 더 굳센 정신력을 가질 수 있습니다. 힘든 일이 있을 때마다 스스로 단련되는 것이라 생각하고 이겨내야 합니다.

어린 시절에 자신의 꿈을 찾아라

헤딘 (1865~1952)

스웨덴의 탐험가·지리학자로 중앙 아시아를 탐험하여 많은 유적들을 발견하였습니다. 저서로는 75권의 『여행기』가 있습니다.

어린 시절에는 저마다 꿈이 많습니다. 그리고 그 꿈도 자주 변합니다. 장래 어떤 일을 할 것인가 진지하게 생각하고 그에 걸맞는 꿈을 가져야 합니다. 비록 꿈을 가졌다고 해도 그 꿈을 이루기 위해서는 열심히 노력해야 꿈을 이룰 수 있습니다.

3 부지런함과 게으름

거짓말은 눈덩이처럼 자꾸 커진다

루터(1483~1546)

독일의 종교 개혁가이자 신학자입니다. 100권에 이르는 『루터 전집』 등의 책을 남겼습니다.

거짓말은 남을 속이는 일이므로 매우 나쁜 것입니다. 그러니 거짓말은 한 번 하게 되면 그 거짓말을 감추기 위해 다시 계속해서 거짓말을 하게 되고, 그 거짓말 때문에 다시 거짓된 행동과 말을 하게 됩니다. 절대로 거짓말을 해서는 안 됩니다.

습관은 제2의 천성이다

웰킹턴(1769~1852)
영국의 군인이자 정치가입니다. 1815년 나폴레옹의 군대와 맞서서 이겼습니다. 그 뒤로는 정치가로 크게 활약했습니다.

 자신의 성격은 쉽게 바뀌거나 변하지 않습니다. 하지만 습관은 마음에서 굳어진 버릇이기 때문에 자신의 굳센 의지만 있다면 얼마든지 자신의 나쁜 습관을 고칠 수 있습니다. 올바른 습관이 몸에 배일 수 있도록 힘써야 합니다.

게으른 사람은
죽은 사람과 같다

홀런드(1893~1961)

뉴질랜드의 정치가입니다. 1949년 수상 겸 재무 장관에 취임하여 강력한 반공 산주의 정책을 펼쳤습니다.

사람에게 게으름은 좋지 않은 습관입니다. 게으른 사람은 어느 것 하나 목적한 일을 이룰 수 없지요. 게으름은 곧 자기 자신을 망칩니다. 그리고 게으름을 피우는 사람은 곧 죽은 사람이나 마찬가지입니다.

건전한 신체에 건전한 정신이 깃든다

유베날리스(60~128?)

고대 로마의 시인으로 『풍자시』라는 시집을 발표했으나 인정받지 못하고 죽은 뒤에야 사람들로부터 인정받았습니다.

몸이 아프면 정신력도 약해지고, 바르게 생각하기도 힘들어집니다. 건강을 타고난 사람도 몸을 함부로 굴리면 아프게 마련입니다. 그러나 태어날 때부터 몸이 약한 사람도 운동과 훈련을 통해 건강해질 수 있습니다.

잠은 시간의 값비싼 지출이다

카네기 (1835~1919)

미국의 사업가입니다. 철강업으로 성공하여 '강철왕'이라 불립니다. '카네기 재단'을 만들어 교육과 문화 사업에 이바지했습니다.

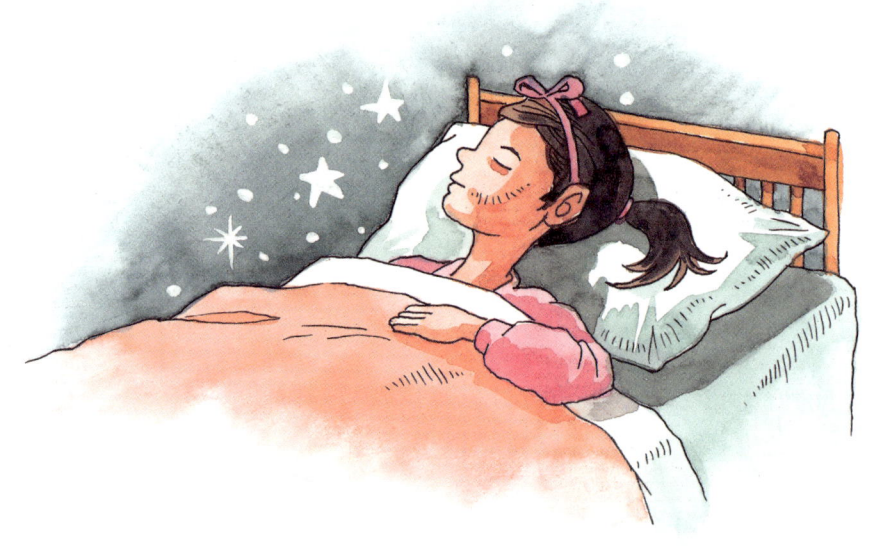

우리의 속담에 아침 일찍 일어나는 새가 모이를 많이 먹는다는 말이 있습니다. 잠은 건강에 매우 중요한 요소이지만 그렇다고 지나치게 자는 것은 시간의 낭비일 뿐입니다. 건강을 해치지 않을 만큼 적당히 자고, 시간을 유익하게 써야 합니다.

나는 생각한다 그러므로 존재한다

데카르트(1596~1650)
프랑스의 철학자, 과학자로 근대철학의 아버지로 불리웁니다. 그는 평생 동안 공부와 연구에 온 힘을 쏟았습니다. 『철학의 원리』 등 많은 저서를 남겼습니다.

　세상에는 여러 가지 많은 사물들이 존재하지만 내가 없으면 아무 소용이 없습니다. 내가 이 세상에 존재함으로써 다른 모든 것이 있습니다. 그러므로 나 자신을 소중하게 알고 현명하게 살아야 합니다.

욕심은 수많은 고통을 부른다

팔만대장경

팔만대장경은 불교의 법문에 관한 모든 글을 모아 나무판에 새긴 것으로 '고려대장경' 이라고도 부릅니다. 팔만대장경은 국보 제32호로 지정되어 합천 해인사에 보관되어 있습니다.

욕심이 많은 사람은 어떤 일에도 결코 만족을 하지 못합니다. 욕심은 아무리 많은 것을 가졌어도 계속 부족함을 느끼게 됩니다. 그렇기 때문에 욕심을 부리는 사람은 절대로 행복해질 수 없습니다. 마음의 고통은 곧 욕심에서 시작된다는 것을 잊지 마세요.

배부른 돼지보다는 배고픈 소크라테스가 낫다

밀(1806~1873)

영국의 경제학자·철학자·윤리학자로 그는 부인과 더불어 『자유론』을 집필하였습니다.

아무런 생각 없이 그날그날을 배불리 먹는 데만 신경을 쓰고 살아간다면 마침내 쓸모없는 사람이 되고 맙니다. 자신이 목적한 그 무엇인가를 추구하는 일에 온 힘을 기울여 값진 인생을 살아야 합니다.

하늘은 악한 사람에게는 벌을 부지런하고 검소한 사람에게는 복을 내린다

정약용(1762~1836)

조선 시대의 학자로 호는 다산입니다. 조선의 지리, 역사 등에 밝았 보으며, 많은 저서들 중 『목민심서』는 유명합니다.

다른 사람에게 악하게 행동하면 그것은 결국 자신에게 돌아옵니다. 그리고 부지런하고 검소하며 성실한 사람에는 그 자신이 노력한 만큼의 대가가 반드시 찾아옵니다. 때로는 악한 행동을 한 사람이 더 돋보일 때도 있으나 그것은 잠깐뿐입니다.

어리석은 자식은 부모의 걱정거리다

솔로몬(B.C. 637~558)

이스라엘의 지혜로운 왕으로 40년 동안 이스라엘을 다스렸습니다. 그는 나라를 잘 다스려 이스라엘의 전성기를 열었습니다.

이 세상의 부모들은 죽을 때까지 자식 걱정을 하게 됩니다. 자식이 지혜로우면 그 부모가 편안하고 나아가서는 주변 사람과 사회가 편안합니다. 그러나 지혜롭지 않으면 그와는 반대되는 일이 일어나지요.

평범한 것을 잘 지키는 사람이야말로 위대한 사람이다

프랑스(1844~1924)

프랑스의 소설가로 1921년 노벨 문학상을 받았습니다.

세상을 살다 보면 평범한 진리들이 지키기 어려운 것들이라는 것을 깨닫게 될 때가 많습니다. 그 평범한 진리라는 것은 정직·도덕·우정인데 지키기가 어렵습니다. 그러나 이러한 평범한 진리들이 큰 일을 위한 것이라는 것을 잊지 마세요.

우리는 무엇인가로 하루를 채워 가야 한다

러스킨(1819~1900)
영국의 비평가이자 사회사상가입니다. 저서로 『베니스의 돌』·『건축의 칠등』 등이 있습니다.

　세상의 모든 사람들에게는 똑같이 하루 24시간이 주어집니다. 그러나 어떤 사람은 이 24시간을 자신에게 유익하게 사용하지만 그렇지 않은 사람은 시간을 낭비하지요. 인생은 하루하루가 모여 자신의 것이 된다는 것과 시간의 소중함을 깨달아야 합니다.

게으름은 마치 녹과 같다

리처드슨(1689~1761)
영국의 소설가로 『클라리사 할로』·『찰스 그랜디슨 경』등의 작품을 남겼습니다.

아무리 훌륭한 물건이라도 쓰지 않으면 녹이 슬어서 마침내 쓸모가 없어집니다. 사람도 이와 똑같습니다. 계속 게으름을 피우다 보면 어느새 그 습관이 되어 어느 것 하나 제대로 할 수 없는 사람이 되고 말 것입니다.

웅변은 은, 침묵은 금

칼라일(1795~1881)

영국의 비평가이며 역사가입니다. 저서로『차티즘』·『프리드리히 대왕전』등이 있습니다.

　말을 잘하면 상대에게 약이 되지만, 잘못 하면 상처를 주는 무기가 될 수도 있습니다. 말은 일단 입 밖에 나오면 다시는 주워 담을 수 없습니다. 현명한 사람일수록 말을 아껴서 한다고 했습니다. 많은 말은 쓸모가 없습니다.

자기가 원하지 않는 일은 남에게 권하지 말라

공자(B.C. 552~B.C. 479)

중국 춘추전국 시대의 학자이자 사상가로 유교의 사상을 집대성했습니다. 대표적인 저서로 『논어』가 있습니다.

직장 생활이나 단체 생활에서 선배들이 자기들이 하기 곤란한 일이 있으면 후배에게 떠맡기고 적당히 얼버무리는 일이 있습니다. 이렇게 되면 자칫 후배는 물론 그 선배나 동료들에게 따돌림을 받습니다. 인간 관계에서 따돌림을 받는 것은 슬픈 일입니다.

4 가정과 친구

부모의 은혜는 다 갚지 못한다

석가모니(B.C 563?~B.C.483?)
고대 인도의 사상가로 본명은 고디마 싯다르타입니다. 불교의 창시자이며 수행을 시작한 뒤 6년 만에 진리를 깨달아 마침내 부처가 되었습니다.

우리는 자식으로서 태어나 죽을 때까지 부모가 베푼 은혜를 다 갚을 수는 없습니다. 우리를 낳고 길러 주신 부모님의 은혜는 이 세상의 그 무엇으로도 갚기 어려울 만큼 크고 깊기 때문입니다. 부모님이 살아 계실 때 효도해야 합니다.

모든 사람들에게 친구인 사람은 누구에게도 친구가 아니다

이엄 (866~932)

신라 말, 고려 초의 스님입니다. 당나라에서 불교를 공부하고 귀국한 뒤 김해에 절을 짓고 불법을 전파했습니다.

어떤 사람은 모든 사람에게 친구인 것처럼 행동합니다. 이런 사람은 사람에게 즐거움을 줄 수는 있겠지만 진실한 친구는 될 수 없습니다. 기쁨도 슬픔도 함께 나눌 수 있고, 자신의 모든 것을 다 드러낼 수 있는 사람만이 진정한 친구라 할 수 있습니다.

친구간의 오해는 풀어야지 끊지 말라

카토(B.C.234~B.C.149)
고대 로마의 정치가로 국민들의 생활을 건전하게 이끄는 데 큰 공헌했습니다.

친구는 힘들 때 고통을 줄여 주고 슬플 때 기쁨을 줍니다. 그렇지만 가까운 친구와도 간혹 다툴 때도 있습니다. 그렇다고 해도 서로 대화를 통해 마음 속의 엉킨 오해를 풀어야 합니다. 작은 다툼으로 친구를 잃게 된다면 그보다 더 어리석은 일은 없습니다.

사랑은 가정에서부터 생기고 정의는 이웃에서부터 생긴다

디킨스(1812~1870)

영국의 소설가입니다. 1838년 『올리버 트위스트』를 발표하였고, 『위대한 유산』 등의 많은 작품을 발표했습니다.

우리들이 눈만 뜨면 살아가는 터전인 가정은 매우 중요합니다. 가정은 모든 것을 배울 수 있는 보금자리입니다. 남에게 사랑을 베푸는 것을 가장 먼저 배우는 곳은 가정이지만, 정의를 배울 수 있는 곳은 이웃과 사회입니다.

우리가 사랑하는 곳은 집이다

홈스(1841~1935)

미국의 법률가로 미연방 대법원의 판사로 활동했습니다.

　사람들은 집의 소중함을 집을 떠나 있을 때 더 절실히 느끼게 됩니다. 오랫동안 집에서 머물지 못하는 사람이라고 해도, 그 마음 속에는 항상 집이 크게 자리하고 있습니다. 그것은 가족들의 진정한 사랑 때문입니다.

부모 앞에서는 늙었다는 말을 해서는 안 된다

『소학』은 중국 송나라 때 주자가 소년들의 도덕심을 심어 주기 위해 쓴 수양서입니다. 이 책은 내외 2편으로 구성되었습니다.

소학

부모님은 나를 낳아 온갖 정성을 기울여 키워 주셨기 때문에 커서 아무리 나이를 많이 먹었다고 해도 부모님에게는 어리게만 보이는 것입니다. 그런 부모님 앞에서는 자신이 늙었다거나 자신의 어려움을 이야기하는 것은 옳지 못한 일입니다.

부모를 공경하는 효도는 쉬우나 부모를 사랑하는 효도는 어렵다

장자(?~?)

중국 고대의 사상가로, '도'를 천지 만물의 근본 원리로 보고, 자연과 조화되는 삶을 중요하게 생각했습니다. 저서로 『장자』가 있습니다.

자식으로서 부모에게 효를 다하는 것은 당연한 일입니다. 하지만 도리 때문에 할 수 없이 하는 효도와 진정으로 마음에서 우러나는 효도는 다른 것입니다. 부모님을 진정으로 사랑하는 마음이 담긴 효도, 자신의 희생을 무릅쓴 효도가 진정한 효도입니다.

나보다는 친구를 생각하는 우정, 이러한 우정은 어떠한 어려움도 이긴다

무어(1852~1933)

아일랜드의 소설가로 자연주의 소설과 희곡 작품을 많이 썼습니다. 『광대의 아내』·『에스터 워터스』등 의 작품을 남겼습니다.

좋은 친구와 오래도록 우정을 나눌 수 있는 방법은 나보다 먼저 친구를 생각하는 우정입니다. 당장은 내가 손해를 본다고 해도 친구를 위해 자신을 희생할 수 있다면 반드시 작은 이익보다 더 큰 우정을 얻을 수 있습니다.

친구는 제2의 자신이다

아리스토텔레스(B.C. 384~B.C. 322)
고대 그리스의 철학자입니다. 플라톤의 제자이며 그의 사상은 후세에 사람들에게 많은 영향을 끼쳤습니다.

 그 사람이 사귀는 친구를 보면 그 사람을 알 수 있습니다. 이 세상의 사람들은 서로 비슷한 사람끼리 만나기 때문입니다. 좋은 친구를 사귀고 싶다면 먼저 나 자신부터 바른 사람이 되어야 합니다.

형제가 집 안에서는 서로 싸워도 밖에서는 모욕을 막아 준다

시경

『시경』은 중국 춘추 전국 시대의 민요를 중심으로 엮은 중국에서 가장 오래 된 시집입니다. 총 305편의 작품이 들어 있습니다. 문학사적으로도 귀중한 자료입니다.

자라면서 형제들끼리는 자주 싸우게 됩니다. 하지만 밖에서 내 형제가 어려움에 처하였다면 누구나 형제를 구하려고 할 것입니다. 이렇듯 형제란 집 안에서는 다투지만 밖에서는 다릅니다. 그 이유는 피를 나눈 형제들 간의 강한 정이 있기 때문입니다.

친구가 많은 사람은 마침내 그 자신을 망친다

솔로몬 (B.C. 637~558)

이스라엘의 지혜로운 왕으로 40년 동안 이스라엘을 다스렸습니다. 그는 나라를 잘 다스려 이스라엘의 전성기를 열었습니다.

좋은 친구를 가진다는 것은 일생 동안 중요한 일입니다. 그렇다고 좋은 친구를 얻기 위해 누구나 함부로 친구로 사귈 수는 없습니다. 단 한 사람이라도 건실한 친구를 사귀는 것이 좋습니다. 좋은 친구는 그 사람의 일생에 큰 영향을 미칩니다.

실패는 고통스러우나 다하지 못했음을 깨닫는 것은 더 고통스럽다

앤드류 매튜스(?~?)

오스트레일리아 태생으로 세계적인 일러스트 작가입니다. 『행복한 삶은 사는 법』을 출간하였습니다.

사람은 누구나 실패하게 되면 낙심하고 실망에 빠집니다. 그리고 자신의 실패를 부끄러워하며 기운이 없습니다. 그러나 이것보다 더 부끄러운 일은 자신이 최선을 다하지 못한 것에 있습니다. 자신이 목표했던 일에 최선을 다했다면 다시 일어설 수 있습니다.

뜻이 있는 곳에 길이 있다

쇼(1856~1950)

영국의 극작가이자 비평가로 영국 근대 연극에 큰 영향을 끼쳤으며, 1925년 노벨 문학상을 받았습니다. 작품으로는 『인간과 초인』·『악마의 제자』·『시저와 클레오파트라』등이 있습니다.

어떤 일을 할 때 처음부터 '나는 못 해' 하고 겁을 집어먹고 포기하는 경우가 있는데 그러한 일은 자신의 능력을 스스로 과소평가하는 생각에서 오는 것입니다. 자신이 하고자 하는 일에 굳센 의지가 있다면 누구나 큰 능력을 발휘할 수 있습니다.

내일은 또 내일의 태양이 떠오른다

미첼(1900~1949)

미국의 소설가. 1936년 『바람과 함께 사라지다』를 발표하여 세상을 깜짝 놀라게 하였으며, 1937년 퓰리처 상을 받았습니다.

　세상을 살면서 비록 자신에게 최대의 불행이 찾아오더라도 절대로 희망을 잃지 않아야 합니다. 어려움이 있더라도 저마다 희망을 가지고 열심히 노력한다면 마침내 어려운 상황도 헤쳐 나갈 수 있습니다.

진실을 사랑하고
잘못은 용서하라

볼테르(1694~1778)

프랑스의 시인·소설가·계몽 사상가로 『철학 사전』·『풍습론』 등 유명한 작품들을 남겼습니다.

사람들은 누구나 진실한 행동이나 생각을 모두 좋아합니다.
그러나 세상을 살아가면서 상대방을 헐뜯고 미워하는 일이 있는데 이것은 잘못된 일입니다. 이러한 마음은 빨리 털어 버려야 자신에게 이롭습니다.

세상을 보는 지혜

호랑이는 죽어서 가죽을 남기고
사람은 죽어서 이름을 남긴다

구양수 (1007~1072)

중국 송나라의 학자로 중국 문학에 큰 영향을 끼쳤으며, 그가 남긴 〈취옹정기〉라는 글은 유명한 작품입니다.

사람이 이 세상에 살면서 열심히 일하여 마침내 성공하여 주위 사람들과 사회에 큰 공헌을 했다면 비록 그가 죽었어도 사람들은 영원히 기억합니다. 그리고 이와는 다르게 나쁜 일만 일삼다가 세상을 떠났다면 오래도록 욕을 먹을 것입니다.

악법도 법이다

소크라테스(B.C.?~399)

고대 아테네의 철학자. 그는 평생 동안 학자로 학생들을 가르쳤습니다. 그는 청년들에게 존경받았는데 이것이 그가 사형을 당하는 빌미가 되어 독배를 마시고 죽었습니다.

세상의 사람들이 살아가기 위해서는 일정한 규칙과 질서가 필요합니다. 그러기 위해서 법을 만들었습니다. 일단 법이 만들어지면 그 법이 옳든 그르든 그 법을 준수해야 합니다. 그래야 사회의 질서가 유지됩니다.

어떤 값으로도 인생은 살 수 없다

세네카(B.C.4?~A.D.65)

고대 로마의 철학자·정치가·변호사로 자신을 미워하는 사람들의 음모로 정부로부터 자살을 명령받고 죽었습니다. 저서로는 『대화집』이 있습니다.

인생이란 이 세상에서 제일 아름답고 귀한 것입니다. 인생은 단 한 번밖에 주어지지 않습니다. 그렇기 때문에 돈으로 사고 팔 수가 없고 세상의 그 무엇과도 바꿀 수 없습니다. 이 단 한 번뿐인 인생을 알차고 행복하게 살아가야 합니다.

좋은 습관은 법보다 훌륭하다

에우리피데스 (B.C.484?~B.C.407?)
그리스의 작가. 92편의 희곡을 썼으나 17편만이 전해 내려오고 있습니다. 그의 작품으로는〈메디아〉·〈엘렉트라〉·〈트로이의 여인들〉등이 있습니다.

　법이란 일단 정하면 누구나 지켜야 합니다. 사람의 습관은 한 번 몸에 배어 버리면 고치기가 어렵습니다. 그러나 좋지 않은 습관은 꾸준히 열심히 노력하면 고칠 수 있습니다. 특히 좋지 않은 습관은 자신은 물론 남에게 피해를 줍니다.

인간의 재산은 오직 그의 노력에 달렸다

헤릭(1591~1674)
영국의 시인이자 목사로 아름답고 기지가 넘치는 짧은 시를 많이 썼습니다.

서양의 격언에 '뿌린 만큼 거둔다'라는 말이 있는데 이 말은 세상의 모든 것은 노력한 것에 따른다는 것입니다. 노력하지 않고 주어진 처지를 한탄해서는 결코 어떤 것도 얻을 수 없습니다. 사람은 노력한 만큼 그 대가를 반드시 얻을 수 있습니다.

행운은 부지런한 사람을 찾아간다

클레망소 (1841~1929)
프랑스의 정치가로 제1차 세계 대전 중 총리로 취임하여 전쟁을 승리로 이끌었습니다. 『승리의 명예와 비참』 등의 작품을 남겼습니다.

 사람은 세상을 살아가면서 크고 작은 행운과 불행을 겪게 됩니다. 생각지도 않은 행운이 찾아오는가 하면 뜻밖의 불행도 겪습니다. 그러나 행운과 불행에는 그 원인이 있습니다. 부지런한 사람에게는 행운이, 게으른 사람에게는 불행이 찾아옵니다.

세상을 보는 지혜

인생은 자신이 노력한 만큼 가치가 있다

모리아크 (1885~1970)

프랑스의 소설가입니다. 대표작으로는 『사랑의 사막』·『문둥이에의 키스』·『바리새 여인』 등이 있습니다.

누구에게나 자신의 삶은 소중합니다. 그러므로 다른 사람의 삶을 함부로 평가해서는 안 됩니다. 누구나 하는 일에 최선을 기울인다면 그 결과가 어떠하든 간에 그 삶은 가치가 있고 매우 귀한 것입니다.

나의 력이란
오직 진리와 비폭력이다

간디(1869~1948)

인도의 독립 운동가로 무저항주의 정신으로 인도를 영국으로부터 독립시켰습니다.

서로 싸우다 보면 두 사람 모두 상처를 입습니다. 한 쪽이 참으면 절대로 싸움은 벌어지지 않습니다.

인도의 간디는 무저항주의로 마침내 영국으로부터 인도를 독립시켰습니다.

적을 알고 나를 알면 백 번을 싸워도 승리한다

손자(?~?)

중국 춘추 전국 시대의 전략가로 본명은 손무입니다. 그의 전략은 합려가 초·제·진 등의 나라를 굴복시키는 데 밑거름이 되었습니다. 병법서 『손자』를 지었습니다.

사람은 무슨 일을 하든 상대편의 장점과 단점을 파악하는 일이 매우 중요합니다. 정보를 알아야만 그에 맞는 대책을 세워 그 일에 성공할 수 있기 때문입니다. 상대를 아는 것도 중요하지만 나를 아는 것도 중요합니다.

어떤 일에 성공하려면
다른 일은 생각하지 말라

헤라클레이토스 (B.C.540?~B.C.480?)
그리스의 철학자로 〈자연에 관하여〉란 글을 썼습니다.

"한 우물을 파자!"

우리 나라 속담에 '한 우물을 파라'는 말이 있습니다. 이 말은 자신이 하는 일에 최선을 다하라는 뜻입니다. 세상을 살아가다 보면 주위에서 갖은 유혹을 받습니다. 그러나 유혹을 뿌리치고 자신이 목표로 한 일에 전념한다면 반드시 성공할 수 있습니다.

어진 사람은 가난해도 즐거워하고, 어리석은 사람은 부자라도 걱정한다

최치원(857~?)

신라 시대의 학자입니다. 세상이 어지러움을 한탄하여 해인사로 들어가 거기서 세상을 떠났습니다. 저서에 『계원팔경』 등이 있습니다.

　자신에게 주어진 생활에 만족할 줄 아는 것이 삶의 지혜입니다. 만족할 줄 알면 욕심이 사라지고 자신의 생활에 즐거움을 느끼게 됩니다. 그러나 많은 재물을 가지고 있으면서 걱정만 한다면 어리석은 사람입니다.

오늘 할 일을 내일로 미루지 말라

윌리엄 포크너 (1897~1962)

미국의 소설가로, 노벨상과 퓰리처 상을 수상했으며 저서로 『우화』 · 『자동차 도둑』 등이 있습니다.

　세상의 많은 사람들은 자신이 오늘 할 일을 내일로 미루곤 합니다. 내일도 오늘과 같이 똑같은 시간이 주어진 하루뿐입니다. 오늘 할 일을 내일로 미루는 사람은 내일이 되어도 다시 그 다음 날로 미루기 쉽습니다.

고기가 탐나거든 그물을 짜라

힐티(1833~1909)

스위스의 사상가이자 법률가로 변호사로 활동했습니다. 『행복론』· 『잠 못 이루는 밤을 위하여』 등의 작품을 남겼습니다.

어떤 일에 대해 막연히 꿈만 꾸거나 생각만 하고 있어서는 어떤 일도 결코 이룰 수 없습니다. 자신이 하고 싶은 일이 있으면 처음부터 그 준비를 철저히 하고 그 준비한 것을 바탕으로 과감하게 뛰어들어야 합니다.

어떤 일을 체험하지 않으면 지혜가 자라지 않는다

명심보감

『명심보감』은 마음을 다스리는 방법과 사람이 세상을 살아가는데 필요한 도리를 적은 책입니다. 고려 시대 학자 추적이 중국의 여러 책에서 163개의 문장을 골라 엮었습니다.

 우리 나라의 속담에 '백 번 듣는 것보다 한 번 보는 것이 더 낫다' 라는 말이 있습니다. 이 말은 자신이 체험하고 배운 것은 쉽게 잊어버리지 않기 때문입니다. 자신이 겪은 체험들은 마음과 정신이 자라게 하고 지혜를 일깨워 새로운 사람을 만듭니다

세상을 보는 지혜

지혜 없는 힘은
그 무게 때문에 쓰러진다

호라티우스(B.C.65~B.C.8)

로마의 시인으로 많은 풍자시와 서정시를 남겼습니다.

사람에게 있어서 지혜는 매우 중요합니다. 그것은 마치 건물의 기둥과 같습니다. 기둥이 튼튼해야 큰 건물을 받치듯이 사람도 지혜가 있어야 세상을 살아갈 수 있습니다. 지혜가 없는 사람은 작은 일에도 쉽게 흔들리고 마침내는 실패합니다.

올림픽에서 중요한 것은 이기는 것이 아니라 참가하는 데 있다

쿠베르탱(1863~1937)
프랑스의 교육자이자 근대 올림픽의 창시자입니다. 『영국의 교육』· 『스포츠 교육학론』 등의 저서를 남겼습니다.

근대 올림픽의 창시자인 프랑스의 쿠베르탱 남작은 "올림픽의 진정한 의미는 이기는 데 있지 않고, 우리가 모두 함께 참여하여 평화와 진리를 사랑하는 마음을 나누는 데 있습니다"라고 말하였습니다. 그의 말은 우리들에게 모든 분야에서 꼭 필요한 것입니다.

가볍게 승낙하면 믿음을 잃는다

노자(?~?)

중국 춘추전국 시대 사상가·철학자입니다. 그의 사상이 담긴 『노자』는 동양 철학의 뿌리가 되어 많은 영향을 끼쳤습니다.

남에게서 어떤 일을 부탁받았을 때, 앞뒤를 생각지도 않고 쉽게 승낙하면 뒤에 그 약속을 못 지키는 일이 일어날 수도 있습니다. 그렇게 되면 상대에게 믿음을 잃습니다. 비록 간단한 부탁이라도 신중히 검토하고 승낙해야 합니다.

6 성공과 희망

정상에 오른 순간부터 조금씩 내리막길을 걷기 시작한다

그라시안(1601~1658)

스페인의 작가로 1691년 예수회의 회원이 되었고, 예수회 부속 학교의 교장을 지냈습니다. 저서로는 『영웅』·『선택』·『비평가』 등이 있습니다.

사람들은 자신이 목표로 한 정상에 오르기 위해 최선을 다합니다. 그러나 정상에 오른 뒤에는 노력하지 않는 일이 많습니다. 정상을 지키기는 정상에 오르기보다 더 힘든 일입니다. 노력하지 않으면 내리막길이 기다리고 있습니다.

단 것만을 계속 먹을 수는 없다
때로는 쓴 것도 먹어야 한다

오비디우스(B.C.43~A.D7?)

고대 로마의 시인으로 근대문학에 큰 영향을 미쳤으며 작품으로는 『사랑의 예술』·『사랑』등이 있습니다.

　세상을 살다 보면 항상 좋은 일만 있는 것이 아닙니다. 때로는 어려운 고비가 간간이 찾아옵니다. 비록 어려움이 찾아오더라도 반드시 헤쳐 나가야 합니다. 마치 비가 온 다음날에는 태양이 떠오르듯이.

일은 스스로 찾아서 해야 한다

이명박(1941~)

고려대를 졸업하고 현대건설에 입사하여 최연소로 회장에 올랐으며, 국회의원과 서울시장을 역임했습니다.

현대인들은 여러 부문에서 일을 합니다. 그 주어진 직장에 몸을 담고 일할 때 상사가 일을 주기를 기다리지 말고 자신 스스로 일을 찾아서 해야 넓은 안목을 기를 수 있고 자신을 발전시킬 수 있습니다.

우리의 최후의 목적은 단 한 가지, 승리다

처칠(1874~1965)

영국의 수상으로, 1900년 하원의원에 당선되어 해군 장관을 거쳐 수장에 올랐습니다. 저서 『제2차 세계대전』으로 노벨 문학상을 받았습니다.

제2차 세계 대전 때, 영국은 독일의 공격을 받아 위험한 처지에 놓여 있었습니다. 이 때 수상인 처칠은 국회에서 자신의 각오를 말했습니다. "우리의 최후 목적은 단 하나, 승리다!" 이 말은 영국 국민들에게 큰 힘을 북돋아 전쟁을 승리로 이끌었습니다.

산은 올라가는 자만이 정복할 수 있다

알랭(1868~1951)
프랑스의 철학자로 『예술론집』·『행복론』·『종요론』 등의 저서를 남겼습니다.

　산을 정복하기 위해서는 반드시 산에 올라야 합니다. 세상의 모든 일은 그 단계를 하나씩 하나씩 밟아 나가면 언젠가는 반드시 자신의 목표를 완성할 수 있습니다. 그리고 자신이 기울인 노력에 따라서 그 결과가 나타납니다.

눈물 젖은 빵을 먹어 보지 않은 사람은 인생의 참뜻을 알지 못한다

괴테 (1749~1832)

독일의 시인, 극작가로 많은 작품을 남겼습니다. 『젊은 베르테르의 슬픔』· 『파우스트』 등은 세계문학사상 불후의 명작입니다.

세상을 살면서 누구나 어려움을 겪습니다. 비록 그 어려움이 자신에게 찾아와도 굳세게 다시 일어나 도전하는 사람들이 많습니다. 어려움을 겪어 보지 못한 사람들은 그 어려움의 고통을 잘 모릅니다.

인생에 고난이 없으면 성공도 없다

소포클레스 (B.C.496~B.C.406)

고대 그리스의 시인이자 극작가입니다. '그리스 3대 비극 작자' 중 한 사람입니다. 〈엘렉트라〉, 〈오이디푸스 왕〉 등의 작품이 있습니다.

사람은 세상을 살아가면서 수많은 고난을 겪습니다. 그러나 그 어려운 고난을 슬기롭게 헤쳐 나가면 자신이 그전보다 훨씬 성숙해졌음을 느낄 수 있고, 큰 어려움을 이겨낸 힘으로 더욱 큰 일을 해 낼 수 있습니다.

왔노라, 보았노라, 이겼노라

시저(B.C.100~44)

고대 로마의 정치가·웅변가이며 귀족의 가문에서 태어나 장군으로서 큰 업적을 쌓았고, 독서를 즐겼습니다.

어떤 일에 있어 자신의 온 힘을 기울여 마침내 성공을 거두었다면 얼마나 좋을까요. 자신이 노력한 대가는 반드시 찾아옵니다. 우리 모두 자신이 목표한 일에 과감하게 도전하여 성공을 이끌어 냅시다.

끝을 맺기를 잘하면 실패가 없다

노자(?~?)

중국 춘추전국 시대 사상가·철학자입니다. 그의 사상이 담긴 『노자』는 동양 철학의 뿌리가 되어 많은 영향을 끼쳤습니다.

사람들은 어떤 일을 시작할 때 처음에는 온 힘을 기울이다가도 일을 끝마칠 무렵에는 노력하지 않는 경우가 많습니다. 모든 일의 끝을 시작할 때처럼 노력한다면 반드시 좋은 결과를 얻을 수 있습니다.

인생은 돌이다. 그 곳에 어떤 것을 새기든 그것은 각자의 자유다

스펜서(1820~1903)

영국의 철학자로『심리학 원리』·『윤리학 원리』등의 저서를 남겼습니다.

　사람은 이 세상에 태어날 때 모두 저마다 운명을 타고납니다. 인생이란 돌에 어떤 모습을 새기는 것은 오직 자신에게 달렸습니다. 하루하루 열심히 살면서 자신의 멋진 모습들을 그 돌에 새깁시다.

일하지 않는 자는 모두 쓸모없는 사람이다

톨스토이(1828~1910)
러시아의 소설가로『전쟁과 평화』·『부활』·『안네 카레니나』등의 작품이 있습니다.

톨스토이는 러시아의 귀족의 아들로 태어났지만 직접 농사를 지었고, 자신의 토지를 가난한 사람들에게 나누어 주었습니다. 그는 사람들이 땀흘려 열심히 일하면 모두 행복해질 수 있다고 믿었습니다.

산다는 것은
행동하는 것이다

루소(1712~1778)
프랑스의 사상가로 『에밀』· 『사회계약론』 등 유명한 저서를 남겼습니다.

사람으로 이 세상에 태어났으면 어떤 일이든 자신이 스스로 찾아서 해야 합니다. 세상의 많은 일 가운데 자신에 맞는 일을 찾아 열심히 노력하면 반드시 자신이 목표로 한 일에 성공할 수 있습니다.

청년들에게 당부하고 싶은 말은 일하라, 좀 더 일하라, 그리고 끝까지 일하라

비스마르크(1815~1898)

독일의 정치가로 오스트리아와 프랑스를 합병하여 독일 제국을 세웠고, 초대 수상이 되었습니다.

부지런히 일하는 사람에게는 반드시 행복이 찾아옵니다. 그러나 게으른 사람에게는 행운이 찾아오다가 되돌아간다고 합니다. 자신에게 주어진 일에 온 힘을 기울이는 사람은 반드시 성공할 수 있습니다.

인간이 가지고 있는 것 중에서 성실은 가장 고상한 것이다

초서(?~1400)

영국의 시인으로 장편 시 〈켄테베리 이야기〉는 매우 유명한 작품입니다.

세상을 살아가는데 제일 중요한 것은 성실함입니다. 이것이 없으면 그 어느 것 하나도 제대로 이룰 수 없습니다. 꿀을 찾아 날아다니는 벌처럼 열심히 살아가는 사람에게는 성공과 행복이 기다리고 있습니다.

실패한 일로 자꾸 괴로워하면 다음 일도 실패한다

러셀(1892~1970)
영국의 사상가 · 사회평론가 · 철학자 · 수학자로 1950년 노벨 문학상을 수상했으며, 『서양 철학사』 등의 저서가 있습니다.

사람은 누구나 실패할 수 있습니다. 그러나 정작 중요한 것은 자신의 마음가짐과 태도입니다. 지난 일에 실패했다고 그 생각에서 헤어나오지 못하면 다시는 일어설 수 없습니다. 실패를 거울삼아 다시 일어서서 뜻을 세워 앞으로 나가야 성공할 수 있습니다.

이 세상의 직업에는 귀천이 없다

헤시오도스(B.C. 8세기경)

고대 그리스의 시인입니다.

이 세상에는 수많은 직업이 있습니다. 사람들은 저마다 자신에 맞는 직업을 찾아 열심히 일하고 있습니다. 그러므로 어떤 직업도 귀하고 천함이 없습니다. 자신의 적성에 맞는 직업을 찾아 열심히 일하는 모습은 아름답습니다.

모든 일에는 준비, 실행, 완성이 있습니다

베이컨(1561~1626)

영국의 철학자이자 정치가로 데카르트와 함께 '근대 철학의 아버지'라 불립니다. 『수필집』·『학문의 권위와 진보』 등이 있습니다.

어떤 일을 시작하기 전에 준비를 철저히 하고 실행할 때는 과감하게 밀고 나아가고 마무리할 때는 꼼꼼하게 해야 합니다. 이렇게 모든 계획을 세우고 일을 시작하면 모든 일을 목표한 대로 이룰 수 있습니다.

시련은 있어도 실패는 없다

정주영(1915~2001)
강원도 통천에서 태어났으며 빈손으로 현대그룹을 일구어 낸 한국 최고의 기업가입니다.

자신에게 온갖 어려움이 찾아오더라도 그것을 이기고 일어서는 사람은 진정으로 용기 있는 사람입니다. 이 세상의 누구에게나 시련은 찾아옵니다. 그러나 그 시련을 이기지 못하면 결코 성공할 수 없습니다.

어렵게 계획을 세우되, 일단 계획을 세웠거든 꿋꿋이 나가야 한다

레오나르도 다 빈치(1452~1519)

르네상스 시대 이탈리아를 대표하는 미술가이자 과학자입니다. 주요작품으로는 〈모나리자〉, 〈최후의 만찬〉 등이 있습니다.

어떤 일을 시작하기 전에는 철저한 계획을 세워야 성공할 수 있습니다. 그러나 계획만 세우고 그것을 실천하지 않으면 결코 성공할 수 없습니다. 치밀한 계획, 꾸준한 추진력은 성공의 지름길입니다.

인내는 쓰나 그 열매는 달다

오스틴(1775~1817)
영국의 소설가로 『오만과 편견』・『엠마』 등의 유명한 작품을 남겼습니다.

　인내는 그 사람의 앞날을 좌우합니다. 온갖 어려움이 찾아오더라도 묵묵히 참고 견디어 다시 일어서야 합니다. 온갖 어려움을 헤치고 성공을 거두면 그 짜릿한 기쁨은 세상의 어느 것과 바꿀 수 없습니다.

성공과 희망

서 있는 농부가 앉아 있는 신사보다도 훌륭하다

프랭클린(1706~1790)

미국의 정치가·사상가·과학자입니다. 피뢰침을 발명하는 등 정치·과학 분야에서 큰 공을 세웠습니다.

땀을 흘리며 일하는 것이 얼마나 소중한 것인지 일깨워 주는 말입니다. 이 세상에서 육체적인 노동이야말로 가장 신성하고 최고의 가치가 있는 것입니다. 세상에서 열심히 일하는 사람은 존경받아야 합니다.

사람은 쓸 때
의심스러운 점이 있으면 쓰지 말고
일단 쓴 사람은 의심하지 말라

김구(1876~1949)

우리 나라의 독립을 위해 일생을 바친 독립 운동가이며 정치 지도자로 상하이 임시정부 주석을 지냈으며, 해방이 되어 고국에 돌아와 안두희에 의해 세상을 떠났습니다.

사람은 어떤 일을 결정할 때 그리고 사람을 쓸 때는 반드시 신중해야 합니다.

결정은 어렵게 하고 일단 결정했으면 과감하게 자신의 뜻대로 계속 밀어붙어야 합니다.

가장 바쁜 사람이 많은 시간을 갖는다

골드스미스(1728~1774)

영국의 작가 · 극작가 · 시인입니다. 대표적인 작품으로는 『웨이크필드의 목사』 · 『황촌행』 · 『호』 등이 있습니다.

모든 일에 있어서 가장 바쁘게 활동하는 사람은 많은 일을 하게 됩니다. 그러나 한가롭게 지내는 사람은 시간이 많을 것 같지만 많은 일을 할 수 없습니다. 바쁜 사람은 자신에게 주어진 시간을 최대한 활용해서 큰 성과를 이루게 됩니다.

작은 일도 목표를 세워라

슐러(1925~)
미국의 작곡가이자 지휘자입니다. 그는 어릴 때부터 재즈 음악에 남다른 관심을 가졌습니다. 이후 재즈 음악 연주뿐만 아니라 많은 작품을 작곡했습니다.

어떤 일을 시작할 때 자신이 추구하는 목표를 세우지 않으면 일하는 과정에서뿐만 아니라 그 일을 이루는 단계에서도 헷갈리기 쉽습니다. 반드시 작은 일에도 목표를 세우고 노력하면 반드시 성공할 수 있습니다.

꿈을 가지면
어려운 현실을 이길 수 있다

릴케 (1875~1926)

독일의 시인으로 아름다운 마음이 담긴 서정시를 많이 썼습니다. 대표작으로는 『말테스의 수기』·『형상 시집』 등이 있습니다.

사람들은 모두 꿈을 품고 살아갑니다. 현재 주어진 상황이 몹시 어렵더라도 꿈을 갖고 있는 사람은 좌절하거나 쓰러지지 않고 어려운 현실도 기쁘게 받아들입니다. 그러나 그러한 자신의 꿈을 이루기 위해서는 많은 노력을 기울여야 합니다.

어떤 사람은 패배의 슬픔을 딛고 일어서고, 어떤 사람은 패배의 슬픔 밑에 깔린다

에머슨(1803~1882)

미국의 시인이자 사상가입니다. 대표작으로는 『자연』, 『에세이 제1집』, 『운명』 등이 있습니다.

우리는 세상을 살아가면서 슬픈 일을 많이 겪게 됩니다. 어떤 사람은 패배의 슬픔을 딛고 일어서는가 하면 또 다른 사람은 그 패배의 슬픔에 짓눌려 헤어나지 못합니다. 슬픔의 순간은 모든 것을 잃어버린 것 같지만 희망은 다시 찾아오기 마련입니다.

화와 복은 오직 자신이 불러들인다

백고 (89~179)
고구려의 제8대 임금으로 매우 훌륭한 인품으로 나라를 잘 다스렸습니다.

세상의 모든 일들은 자신이 하기 나름이라는 말입니다. 나쁜 일을 저지르면 화를 불러들일 것이요, 좋은 행동을 하면 복이 따를 것입니다. 우리 속담에 콩 심은 데 콩이 나고 팥 심은 데 팥이 난다는 말이 있듯이 사람은 자신이 심은 대로 거둔다는 뜻입니다.

자유가 아니면 죽음을 달라

헨리(1736~1799)

미국 독립 운동의 지도자로, 1776년 버지니아 식민지 의회 의원이 되어 독립 운동을 했습니다.

　미국이 독립하기 위해 영국과 전쟁을 벌였습니다. 이 때 미국의 국민들은 대부분 영국에서 건너왔기 때문에 전쟁에 반대했습니다. 이 때 헨리가 나서서 "우리에게 자유가 아니면 죽음을 달라"고 부르짖자 마침내 미국 국민들의 마음을 움직여 독립했습니다.

인간은 노력하고 있는 동안 방황한다

괴테(1749~1832)

독일의 시인. 법률가의 집안에서 태어나 변호사가 되었고, 바이바르 재상이 되어 훌륭한 일을 많이 했습니다. 그가 남긴 작품으로 『파우스트』· 『젊은 베르테르의 슬픔』 등 많은 작품을 남겼습니다.

사람은 아무 일도 하지 않고 방황하는 것은 무책임한 행동입니다. 어떤 일을 하기 위해서는 온갖 노력을 기울여야 합니다. 그리고 노력하는 동안 어려움에 부딪치게 됩니다. 이 때 방황을 훌훌 털어 버리고 일어서야 합니다.

어려움은
희망에 의해서 극복된다

메난드로스(B.C. 342~B.C. 291)
그리스의 후기 희극 작가입니다. 100여 편의 작품을 썼으나 현재는 단편만 전해집니다.

자신에게 어려움이 찾아오면 대부분 슬픔에 빠지거나 좌절하기 쉽습니다. 그러나 어려움은 오직 희망에 의해 극복된다는 사실을 깨닫고 어려움을 훌훌 털어 버리고 일어나서 다시 당당하게 도전하면 자신이 바라는 희망은 이루어집니다.

남에게 사랑받기보다는 사랑하는 사람이 되어라

스탕달(1783~1842)

프랑스의 소설가, 나폴레옹 군대에 들어가 군인이 되었으며, 이탈리아에 건너가서 연극, 미술 등에 활약했다. 그 후 정부의 관리가 되었으며, 작품으로는 『적과 흑』·『파르므의 수도원』등이 있습니다.

사람은 이 세상을 살면서 많은 사람들과 함께 살고 있습니다. 그러한 가운데 누구로부터 사랑을 받고 그리고 사랑하는 계기가 만들어집니다. 사랑은 남에게 베푸는 일입니다. 자신이 가지고 있는 것을 남에게 베풀면 보람이 있고 행복해집니다.

희망은
가난한 인간의 빵이다

탈레스 (B.C.640~B.C.546)
고대 그리스의 철학자이며 최초의 기하학자·천문학자·철학자로 피라미드의 높이를 측정하여 기하학의 기초를 세웠습니다.

　세상의 모든 사람들은 저마다 희망을 품고 살아갑니다. 희망이 있는 사람은 어려운 상황을 이길 수 있고 성공할 수 있습니다. 이와 반대로 희망이 없는 사람은 마치 죽은 사람과 같아서 아무 일도 할 수 없습니다.

사람은 먹기 위하여 사는 것이 아니라 살기 위하여 먹는다

소크라테스 (기원전 469~399)

그리스의 철학자. 그는 글을 남기지 않았기 때문에 그의 제자 플라톤에 의해 알려졌습니다. 그의 사상은 서양철학의 근본이 되었습니다.

소크라테스의 이 말은 사람은 제일 먼저 자기 자신이 누구인지를 아는 것이 중요하고, 그 다음에는 세상을 어떻게 살아야 하는지, 그리고 어떻게 올바르게 살아야 하는 것인지를 가르치고 있습니다.

고통 뒤에 찾아오는
즐거움은 달콤하다

드라이든(1631~1700)
영국의 시인이자 극작가로, 정치 풍자시 〈아브살롬〉·〈아키트겔〉과 희곡 〈그라나다의 정복〉 등을 남겼습니다.

어떤 어려운 일을 무사히 훌륭하게 마쳤을 때 찾아오는 즐거움은 매우 달콤합니다. 그 일을 하는 동안 온갖 어려움이 많았을 것입니다. 그러나 그 고통을 이겨내고 얻은 결과이기 때문에 더욱 값지고 사람들을 감동시킵니다.

겨울이 가면 봄은 찾아온다

셸리(1792~1822)

낭만파 시인으로 유명합니다. 자유로운 사상과 풍부한 감성을 바탕으로 한 서정시를 많이 남겼습니다.

추운 겨울이 지나면 봄은 반드시 찾아옵니다. 어려운 일을 잘 이겨내면 좋은 날이 반드시 찾아옵니다. 비록 현실에 어려움이 많더라도 꾹 참고 주어진 상황을 잘 헤쳐 나가면 희망은 반드시 찾아오게 되어 있습니다.

희망은 추구하는 자를 결코 버리지 않는다

플레처(1579~1625)

영국의 극작가로 많은 희곡을 썼습니다. 대표작으로는 〈필레스터〉·〈처녀의 비극〉등이 있습니다.

세상을 살면서 희망을 품고 열심히 노력하면 반드시 꿈은 이루어집니다. 그리고 그 일을 하는 동안 자신의 주위에 어떤 어려움이 찾아오더라도 희망을 잃지 않고 노력하면 희망은 그를 결코 멀리하지 않습니다.

절망이 없다면 희망도 없다

카뮈(1913~1960)

프랑스의 극작가이며 소설가로 1957년 노벨 문학상을 받은 뒤 다음 작품을 준비하다가 교통 사고로 세상을 떠났습니다.『이방인』·『시지프의 신화』·『페스트』 등의 작품을 남겼습니다.

항상 좋은 일만 계속되지 않습니다. 좋은 일이 계속되다가 언젠가는 불행이 찾아오기 마련입니다. 희망은 절망을 경험했기 때문에 품을 수 있고, 절망의 순간에도 다시 일어설 수 있는 것은 희망이 있기 때문입니다.

참고 이겨 나가는 것이 인생이다

베를렌(1844~1896)

프랑스의 시인으로 모두 20여 권의 시집이 있습니다. 대표작으로 〈말없는 연가〉·〈나의 감옥〉·〈참회록〉 등이 있습니다.

우리들 인생에 있어서 온갖 어려움을 많이 겪게 됩니다. 이러한 어려운 일을 피해갈 수 있다면 얼마나 좋을까요? 비록 어려운 일이 찾아오더라도 낙심하지 말고 참고 반드시 이겨내야 합니다. 어려운 일 뒤에는 반드시 좋은 일이 찾아옵니다.

청년에게는 미래가 있어서 행복하다

고골리(1809~1852)

러시아의 소설가이자 극작가입니다. 그가 남긴 작품으로는 『죽은 영혼』·『외투』·『광인 일기』,『코』등이 있습니다.

나이가 많은 사람보다 나이가 적은 사람에게는 미래가 있습니다. 청년은 자신의 꿈을 마음껏 펼칠 수 있습니다. 그들에게는 시간과 가능성이 펼쳐져 있기 때문입니다. 어려움이 있더라도 슬기롭게 이겨내면 밝은 미래를 맞이할 수 있습니다

고통이 따르지 않는 즐거움은 없다

헬렌켈러(1880~1968)
미국의 저술가이자 교육가로 장애인으로 설리반 선생에게 교육을 받아 대학까지 졸업하여 많은 장애인의 교육과 사회 사업을 위해 앞장섰습니다.

헬렌 켈러는 장님이었고, 들리지도 말하지도 못했습니다. 그러나 그녀는 이러한 온갖 어려움을 딛고 성공하였습니다. 그녀는 자신 스스로 여러 가지 고통을 체험했기 때문에 그 후에 찾아온 즐거움을 유달리 크게 느꼈을 것입니다.

하늘은 스스로 돕는 자를 돕는다

새뮤엘스마일스 (1812~1904)

영국의 언론인이며 저술가로 위인들의 성공담을 담은 『조지 스티븐전』·『기술자 열전』·『근검』·『의무』등을 발표했습니다.

우리들은 주위에서 다른 사람이 잘 되는 것을 목격하면 운이 좋아서 그렇게 된 것이라고 생각합니다. 그러나 이러한 생각은 잘못된 것입니다. 그 사람은 남보다 열심히 노력해서 행운을 차지한 것입니다.

7 과학과 도전 정신

위대한 일은
청년기에 이루어진다

디즈레일리(1804~1881)
영국의 정치가로 1837년 선거에서 당선되었고, 수상의 자리까지 올랐습니다.

인생에 있어서 청년기는 황금의 시기입니다. 청년기에는 도전 정신을 길러야 합니다. 이것은 오직 젊은이들만이 가진 특권입니다. 젊음은 꿈을 실현시킬 수 있는 강한 힘을 갖고 있기 때문입니다.

진정한 용기란
아무도 안 보는 곳에서
하는 것이다

로슈프코 (1613~1680)
프랑스의 극작가로 〈잠언과 고찰〉이라는 유명한 저서를 남겼습니다.

 이 세상에서 진정한 용기는 남들에게 보여 주기 위해서 하는 행동이 아닙니다. 자신의 마음 속에서 스스로 우러나와 아무도 보지 않는다고 해도 행동으로 옮길 수 있는 것, 그것이 진짜 용기입니다.

주사위는 던져졌다

카이사르 (B.C. 100~44)

로마 정치가이며 장군으로 정치뿐 아니라 웅변과 학가로도 유명하지만 다른 정치 세력에 밀려 암살당했습니다. 『갈리아 전기』·『내란기』등을 썼습니다.

이 말은 이미 어떤 일이 시작되었다는 것을 뜻합니다. 주사위는 곧장 바닥에 떨어지고 그 결과를 나타내기 마련입니다. 어떤 일에 부딪쳤을 때 이미 일이 벌어져 피해갈 수 없게 되었다는 것을 뜻합니다.

생각해 내기는 어렵고 모방은 쉽다

콜럼버스(1451~1506)
이탈리아 출신의 탐험가로 4차례에 걸친 탐험으로 아메리카 대륙을 발견하였습니다.

 우리들 주위에서 다른 사람이 애써 한 일은 쉬워 보이기 마련입니다. 다른 사람이 한 일은 따라하기는 쉽지만 그 일을 처음으로 이룩한 사람은 온갖 어려움을 이겨내고 자신의 목표를 달성했을 것입니다.

실패를 후회하는 것보다 해 보지도 않고 후회하는 것이 더 바보스럽다

탈무드

탈무드는 기원후 2~6세기의 랍비들의 설교집입니다. 유대인들에게는 교과서와 같은 책입니다.

실패한 일로 괴로워하는 것은 어리석은 일입니다. 그러나 그보다 더 어리석은 일은 실패할 것이 두려워서 어떤 일도 하지 못하는 것입니다. 실패를 통해 성공보다 더 큰 교훈을 얻을 수도 있습니다.

한 인간에게는
작은 한 걸음이지만
인류에게는 위대한 전진이다

암스트롱(1930~)

미국의 우주 비행사로 1966년 제미니 호의 선장으로 첫 우주 비행하였으며, 1969년 7월 21일 아폴로 11호를 타고 인류 최초로 달 착륙에 성공했습니다.

미국의 암스트롱은 인류 최초로 달에 발을 디딘 사람입니다. 그는 달에 첫 발을 디딘 순간 이렇게 말했습니다. "자신이 달에서 한 걸음을 떼기까지 수많은 사람들의 노력이 필요했고, 그의 한 걸음은 과학의 발전을 위한 위대한 시작이라고."

기회는 새와 같다

실러(1759~1805)

독일의 극작가이자 시인입니다. 대표작으로는 『빌헬름 텔』・『발렌슈타인』등이 있습니다.

기회는 항상 찾아오는게 아니라 마치 새처럼 슬그머니 날아왔다가 금세 날아가 버립니다. 아무 준비도 없이 기회를 기다리는 것이 아니라 평소에 자신의 목표를 향해 열심히 노력한다면 기회가 찾아오면 붙잡을 수 있습니다.

그래도 지구는 돌고 있다

갈릴레이(1564~1642)

이탈리아의 천문학자·수학자·물리학자로 현대과학 발전에 크게 이바지하였습니다. 그는 지구가 돈다는 '지동설'을 학생들에게 가르치다가 로마 교황청으로부터 핍박을 받았습니다.

이 세상의 진실은 어떠한 상황에 놓여 있어도 오직 진실인 것입니다. 그것이 비록 어떤 사람의 권력이나 어떤 물리적인 핍박에 의해 어쩔 수 없이 굴절, 변질되더라도 결국 진실은 진실인 것입니다.

자신의 운명은 스스로 만드는 것이다

네포스 (B.C.99?~B.C.24?)

고대 로마의 작가이자 웅변가입니다. 저서로는 『아티구스전기』·『카토 전기』·『키케로 전기』등이 있습니다.

세상의 모든 사람의 운명은 하늘에서 주어지는 것이 아니라 자신 스스로 만들어 나가는 것입니다. 이 세상을 살면서 자신에게 어려운 일이 있을 때 운명의 탓으로 돌리는 것은 비겁한 행동입니다.

과학자는 비판 정신을 존중해야 한다

파스퇴르 (1822~1895)
프랑스의 미생물 학자입니다. 미생물 연구에 새로운 장을 열었으며 면역 요법인 백신을 발견하였습니다.

자신의 말이나 행동을 다른 사람이 말하면 기분 좋을 사람은 없을 것입니다. 하지만 사람은 남의 비판을 받아들이지 않으면 발전할 수가 없습니다. 그리고 모든 사람들이 다른 사람의 비판에 귀를 기울여야 자신은 물론 더 나은 세상이 될 것입니다.

나의 사전에 불가능이란 없다

나폴레옹(1769~1821)

프랑스의 군인으로 황제의 자리에 올랐습니다. 유럽 여러 나라와 전쟁을 일으켜 승리를 거두었으나 러시아 원정에 실패하여 퇴위했습니다.

나폴레옹은 군인에서 프랑스 황제에 오른 사람입니다. 그는 다른 사람들이 불가능하다고 생각하는 일에도 절대로 그렇게 생각하지 않았습니다. 모든 일에 있어서 가능하다고 생각하고 노력하면 힘든 일도 이루어 낼 수 있습니다.

위대한 꿈은 위대한 사람을 만든다

풀러(1810~1850)
미국의 여류 평론가입니다. 여성 문제에 관한 책 『19세기의 여성』을 썼습니다.

이 세상의 위대한 업적은 위대한 꿈에서부터 시작됩니다. 사람으로 태어났으면 큰 꿈을 갖고 그것을 실현하기 위해 노력해야 합니다. 그렇게 하면 여러분도 반드시 위대한 인물이 될 수 있습니다.

시련이란 진실로 통하는 길이다

바이런(1788~1824)

영국의 낭만파 시인입니다. 저서로 〈게으른 나날〉 등이 있습니다.

사람은 시련을 딛고 일어나야 강해지고, 또 인생의 의미를 깨달을 수 있습니다. 시련은 우리에게 고통을 안겨 주지만, 한편으로는 진실을 깨닫게 해 주기 때문입니다. 말하자면 시련은 우리들에게 보약인 셈이지요.

8 학문과 예술

예술은
길고 인생은 짧다

히포크라테스(B.C.460~B.C.375)

고대 그리스의 의학자입니다. 그의 학설을 모은 책 『히포크라테스 전집』이 있습니다.

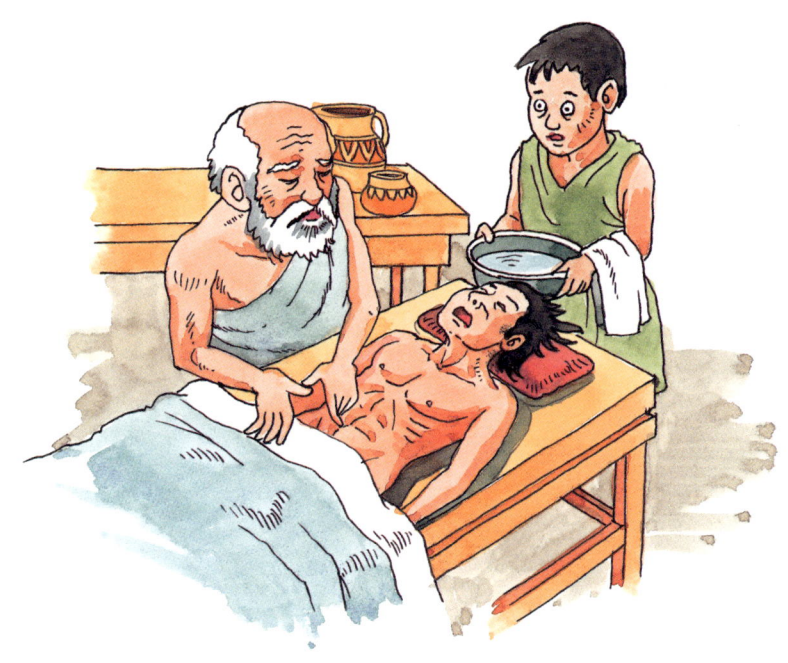

인간의 한평생이 매우 긴 것처럼 보이지만 예술과는 비교할 수가 없습니다. 대부분 사람은 100살을 넘기기 어렵습니다. 그렇지만 음악, 미술과 같은 예술은 100년이 아니라 수천 년이 지나도 많은 이들에게 사랑을 받기 때문입니다.

어려운 일을 쉽게 만드는 사람이 교육자이다

아미엘(1821~1881)
스위스의 철학자이자 문학가입니다. 『아미엘의 일기』를 펴냈습니다.

설리반 선생님이 헬렌 켈러에게 공부를 가르치겠다고 했을 때 그는 가능하다고 생각했습니다. 그래서 헬렌 켈러는 장애를 딛고 더 열심히 공부를 할 수 있었습니다. 설리반 선생님은 헬렌 켈러에게 무한한 정신력과 의지를 심어 주었던 것이지요.

세상의 모든 것은 알면 알수록 모르는 것이 많다

괴테(1749~1832)

독일의 시인이자 작가입니다. 25세 때 쓴 『젊은 베르테르의 슬픔』으로 세계적으로 유명해졌습니다. 『파우스트』 등이 유명합니다.

아는 것이 전혀 없는 사람은 궁금한 것이 없기 때문에 모르는 것이 없는 것같이 느껴집니다. 많이 알고 있는 사람일수록 더 알고 싶은 것들이 많아서 더욱 연구와 공부를 하게 됩니다. 모르는 것을 부끄럽게 생각하지 말고, 열심히 알고자 노력하십시오.

소년은 늙기 쉽고
학문은 이루기 어렵다

주자(1130~1200)
중국 송나라 때의 유학자입니다. 죽을 때까지 여러 관직을 두루 거쳤습니다. 그의 사상은 우리 나라에도 많은 영향을 끼쳤습니다.

세월은 빠르게 지나갑니다. 젊음은 한없이 많은 것처럼 느껴지지만 언제까지나 계속되는 것이 아닙니다. 그리고 공부는 우리가 평생 동안 해야 할 일입니다. 세월을 낭비하지 마세요. 한평생 배우고 공부해도 끝나지 않는 것이 학문의 길입니다.

펜은 칼보다 강하다

리턴(1803~1873)

소설가로 1834년 〈폼페이 최후의 날〉을 발표했습니다.

펜은 글을 의미하고, 칼은 무력 또는 힘을 의미합니다. 우리들이 생각하기엔 무력이 글보다 훨씬 강할 것 같지만 사실은 그렇지 않습니다. 힘은 순간적으로 사람들의 행동을 억누를 수는 있지만, 글은 사람들의 정신까지 다스릴 수 있기 때문입니다.

학문에는 왕도가 없다

유클리드(B.C.330~B.C.275)
고대 그리스의 수학자입니다. 기하학의 원조로 『기하학 원본』을 써서 유클리드 기하학의 체계를 세웠습니다.

학문은 결코 짧은 시간에 쉽게 얻을 수 없습니다. 또 학문에서 어느 정도의 경지에 올랐다고 해도 더욱 부지런히 노력하지 않으면 항상 제자리에 머물 수밖에 없습니다. 학문을 쌓는데 최고의 자리란 없습니다.

천재는 오직 인내다

뷔퐁 (1707~1788)

프랑스 출신의 철학자이며 박물학자입니다. 1739년 왕립 식물원 원장이 되어 동·식물에 관한 많은 연구를 하였습니다.

태어날 때부터 천재는 많지 않습니다. 대부분 자신의 끊임없는 노력으로 천재라 불리게 된 것입니다. 설령 태어날 때부터 남들보다 높은 지능을 갖고 태어났다 해도 노력하지 않으면 어떤 일도 제대로 해낼 수 없습니다.

아는 것이 힘이다

베이컨(1561~1626)
영국의 철학자·정치가·웅변가로 데카르트와 더불어 근대 철학의 시조로 여러 가지 저서를 남겼습니다.

 사람은 반드시 지식을 갖추어야 합니다. 세상을 살아가는데 아는 것이 많으면 남에게 당당할 수 있고, 올바르게 살아갈 수 있습니다. 아는 것이 곧 힘이 되며, 사람을 행복하게 만들어 줍니다.

책을 백 번 읽으면 뜻은 저절로 알게 된다

진수 (233~297)

중국 서진의 역사가입니다. 귀족 출신으로 높은 벼슬을 지냈습니다. 『삼국지』를 저술했습니다.

우리들이 공부할 때 혹은 책을 읽을 때는 온갖 정성을 기울여 그 글 속에 남긴 뜻을 음미하면서 백 번 읽게 되면 그 글 속에 있는 깊은 뜻을 스스로 깨우칠 수 있습니다. 말하자면 정성들여서 책을 읽으라는 말입니다.

공부와 실천은 수레의 두 바퀴와 같다

원효(617~686)

신라 진평왕·신문왕 때의 고승으로 이두문자로 유명한 설총의 아버지입니다. 신라의 불교 발전에 크게 이바지하였습니다.

 우리가 공부하는 목적은 훌륭한 인품과 실력을 길러 사회에 이바지하기 위해서입니다. 이 세상에 사람으로 태어나서 자신과 주변 사람들에게 이로움을 끼치는 훌륭한 사람이 되어야겠습니다.

질문이 많은 자는 크게 발전한다

주희(1130~1200)

중국 남송 시대의 학자로 송학의 학풍을 이어받아 '성리학'을 완성시켰으며 이는 중국과 우리 나라뿐 아니라 일본에까지 영향을 미쳤습니다.

이는 사람이 더 알려고 질문을 하는 것이지만, 전혀 모르는 사람은 질문을 할 수 없습니다. 또한 모른다고 해도 어떤 일에 관심이 없으면 질문을 할 수 없습니다. 질문이 많다는 것은 그만큼 알고 싶은 마음이 강한 것입니다.

책은 인생의 나침반이요, 망원경이다

베넷(1867~1931)
영국의 작가로 유머와 인간미가 넘치는 작품을 남겼습니다. 『늙은 아내 이야기』 등의 작품이 있습니다.

 우리가 책을 읽는다는 것은 그 책 속에 담겨 있는 교훈을 본받아 살기 위해서입니다. 책 속에 담겨 있는 온갖 지혜는 우리들이 인생을 항해하는 데 나침반이 될 것이며 미래를 내다보는 망원경이 될 것입니다.

소년들이여, 야망을 품어라

클라크(1826~1886)

대학에서 화학을 전공하고 화학 분야에 전념하였습니다.

이 세상에서 어떤 분야든 최고인 사람이 있습니다. 어떤 분야에서 최고인 사람은 한순간에 이루어진 것이 아니고 수많은 고난을 뚫고 열심히 노력해서 이루어 낸 것입니다. 꿈을 이루기 위해서는 자신의 야망을 목표로 삼고 노력해야 합니다.

천재란 1퍼센트의 영감과 99퍼센트의 노력으로 이루어진다

에디슨(1847~1931)

미국의 발명가입니다. 축음기·영사기·전등 등 1,000가지가 넘는 발명품을 만들어 '발명왕'으로 불립니다.

에디슨이 학교에서 받은 교육은 초등학교 3개월이 전부였습니다. 하지만 그는 부지런히 읽고 연구한 덕분에 마침내 세계적인 발명왕이 되었습니다. 에디슨이 그런 빼어난 업적을 남길 수 있었던 것은 끊임없이 노력했기 때문입니다.

이 세상의 아름다움은 모든 곳에 있다

로댕(1840~1917)
프랑스의 조각가로 힘차고 사실적인 작품을 많이 남겼습니다. 〈지옥의 문〉, 〈칼레의 시민〉 등 다수의 작품이 있습니다.

화려하게 장식한 곳에만 아름다움이 있는 것은 아닙니다. 초라해 보이는 곳이나 허름한 옷을 입은 사람에게서도 그 속에 숨은 아름다움을 느낄 수 있습니다. 어린이 여러분, 눈에 보이는 것만이 전부라고 생각하지 마십시오.

사물의 아름다움은 그것을 바라보는 마음 속에 있다

흄(1711~1776)

영국의 철학자로, 3권으로 된 『인성론』을 저술했습니다.

  좋은 마음으로 이 세상의 사물을 바라보면 모든 것이 좋게 보이지만, 화나고 짜증 섞인 눈으로 세상을 보면 모든 것이 나쁘게만 느껴집니다. 사람을 대할 때도 항상 긍정적인 마음으로 사람을 대한다면 그 사람의 장점이 더 크게 보입니다.

인생의 목적은
지식이 아니라 곧 행동이다

헉슬리(1825~1895)

영국의 생물학자입니다. 다윈의 진화론을 적용하여 인간의 기원을 밝혀냈습니다.

사람이 배우는 데서 끝난다면 학문을 연구하는 의의가 없을 것입니다. 아무리 많이 배웠어도 실천하지 않으면 배우지 못한 것만 못합니다. 배운 것을 행동으로 실천해야 값어치가 있습니다. 사람의 완성은 배움을 올바르게 실천하는 데 있습니다.

가로세로 세계명언

- 초판 1쇄 발행 2009년 1월 10일
- 초판 3쇄 발행 2011년 10월 25일

엮은이/ 박경준
펴낸이/ 박효완
펴낸곳/ 아이템북스
출판등록/ 2001년 8월 7일 / 제2-3387호
주소/ 서울특별시 중구 중림동 155-2
공급처/ 서울특별시 마포구 서교동 382-30

※ 잘못된 책은 교환해 드립니다.